유쾌발랄 유물 여행

유물로 보는 역사 한 장면

유쾌발랄 유물 여행

유물로 보는 역사 한 장면

김경복 글 · 김숙경 그림

바케주니어

머리말

유물에도 역사가 있다

　70만 년 역사를 자랑하는 우리나라에는 유물과 유적이 많아요. 전국 어디를 가든 선조들의 손길이 담긴 문화재를 쉽게 만날 수 있어요. 이러한 유물들에는 그 시대 사람들의 삶의 역사가 담겨 있지요. 하지만 우리에게 전해지기까지 많은 우여곡절을 겪은 유물들이 많아요.

　우리나라는 고조선 때부터 이민족의 침입을 많이 받아 왔어요. 조선 시대에는 임진왜란과 병자호란을 겪었고, 일제 강점기에는 일본의 지배를 받아야만 했어요. 또, 한국 전쟁으로 온 나라가 전쟁터가 된 적도 있었지요. 그러는 사이에 유물들은 부서지고 땅속에 묻히고, 때로는 행방을 알 수 없게 되면서 우리의 기억에서조차 잊혀지기도 했어요. 그러다가 어떤 계기로 다시 우리 곁을 찾아와서 우리의 역사를 소곤소곤 알려 주고 있지요.

　이 책에서는 우리나라의 대표적이고 귀중한 유물 15점을 선정했어요. 유물을 찾거나 발굴했을 때의 긴박했던 순간을 생생히 알려 주어 우리 유물의 소중함을 알게 하고, 유물이 가지는 역사적 가치를 살펴보면서 유물이 있던 시대의 역사도 자연스럽게 알 수 있도록 구성했어요.

　이 책에서 소개한 유물은 우연히 발견된 것들이 많아요. 반구대 암각화는 크리스마스 날 유물을 찾아다니던 고고학자들이 발견했어요. 농경문 청동기는 어느 고물상에게 팔려 고철이 될 뻔했으나 다행히 국립 중앙 박물관에 보존될 수 있었어요. 충주 고구려비는 빨래판으로 사용되기도 했지만, 다행히 지역 동호회원들의 관심으로 그 가치를 인정받게 되었지요. 이렇듯 유물들은 항상 우리 곁에 있지만, 관심을 가진 사람들이 없었으면 아마도 발견되지 못했을 거예요.

또 일제 강점기나 한국 전쟁 때 흩어지거나 빼돌려졌던 유물들이 어떤 이들의 노력으로 우리 품으로 돌아오기도 했어요. 특히 간송 전형필 선생은 우리의 유물이 일본으로 빼돌려지는 것을 안타깝게 여겨 전 재산을 들여 유물을 구입하는 데 일생을 바쳤지요. 또 경천사 10층 석탑과 고종 어새도 외국으로 빼돌려졌다가 다시 찾은 유물이지요.

이 책에서 다룬 15점의 문화재는 다행히 우리 곁으로 돌아왔지만, 아직도 국내나 해외 곳곳에는 우리 품으로 되돌아올 날을 기다리고 있는 문화재들이 많아요. 우리가 관심과 애정을 가지고 노력할 때 비로소 우리 것이 될 수 있지요.

전 국토가 박물관이라 할 수 있는 우리나라에는 아직도 많은 유물이 흩어져 있어요. 어쩌면 땅속에 잠든 채 우리의 손길을 기다리고 있을지도 몰라요. 우리는 모두 고고학자가 될 수 있어요. 어디를 가든지 돌 하나, 기와 한 장이라도 소중히 다루고 꼼꼼히 들여다보세요. 수백 년 전 혹은 수천 년 전에 우리 선조들이 남긴 소중한 유물일지도 모르니까요.

우리 곁에 남은 유물들은 우리에게 선조들의 이야기를 말없이 전해 줘요. 선조들의 삶이 어떠했는지, 그리고 우리 역사가 하루아침에 이루어진 게 아님을 증명해 주지요. 유물들은 우리 조상과 현재의 우리를 연결하는 통로예요. 우리는 유물들을 통해 선조들과 끊임없이 대화하며 우리다움을 찾아갈 것이며, 당당한 미래를 만들어 나갈 거예요.

2020년 겨울
김경복

차례

01 크리스마스의 보물 **반구대 암각화** _ 8
국보 제285호

02 고물상에서 발견한 보물 **농경문 청동기** _ 22
보물 제1823호

03 잃어버렸다가 되찾은 **금동 연가 7년명 여래 입상** _ 32
국보 제119호

04 스웨덴 황태자가 발굴한 **서봉총 금관** _ 42
보물 제339호

05 석가탑 도굴 사건으로 발견된 《**무구 정광 대다라니경**》 _ 52
국보 제126호

06 하루 만에 발굴을 끝낸 **무령왕릉과 지석** _ 60
국보 제163호

07 1,400년의 세월 동안 잠자고 있던 **백제 금동 대향로** _ 70
국보 제287호

08 신발 흙을 털다가 발견한 **단양 신라 적성비** _ 80
국보 제198호

09 빨래판으로 사용된 **충주 고구려비** _ 90
   국보 제205호

10 나라 잃은 서러움을 겪은 **경천사 10층 석탑** _ 96
   국보 제86호

11 기와집 20채 가격으로 산 **청자 상감 운학문 매병** _ 104
   국보 제68호

12 추사 김정희가 밝혀낸 **북한산 진흥왕 순수비** _ 114
   국보 제3호

13 한글의 창제 원리를 밝힌 **《훈민정음》 해례본** _ 124
   국보 제70호

14 조선의 건국과 **천상열차분야지도** _ 132
   국보 제228호

15 주머니 속에 숨긴 **대한 제국 고종 황제 어새** _ 142
   보물 제1618호

크리스마스의 보물
반구대 암각화

국보 제285호

역사의 한 장면

반구대 암각화 발견의 신호탄, 울주 천전리 각석

울주 반구대 암각화를 발견하기 1년 전인 1970년, 어느 추운 겨울날이었어요.

문명대 교수가 이끄는 동국대 박물관 조사단이 울산광역시 울주군 언양읍에 도착했어요. 조사단은 아직까지 발견되지 않은 불교 유적을 찾아 여기저기 탐사하러 다니고 있었어요. 이번에는 천전리와 대곡리 일대에서 반고사 절터를 찾아보기로 했어요. 반고사는 원효 대사가 책을 쓰기 위해 머물렀다고 전해 내려오는 절이에요.

조사단은 아무리 찾아도 절터를 발견할 수가 없었어요. 그래서 혹시나 하는 마음에 마을 어른들을 찾아가 절터에 관해 물어보았어요.

조사단은 옛날에 한학을 공부하셨다는 최씨 할아버지를 만났어요.

"저 물길을 따라 1킬로미터쯤 올라가면 탑거리란 곳이 있어. 그곳에 불탑 흔적이 남아 있을 거야."

조사단은 할아버지의 안내를 받으며 계곡을 거슬러 올라갔어요. 탑거리에 도착한 조사단이 탑의 흔적을 살피고 있을 때였어요.

최씨 할아버지가 그곳에서 내려다보이는 바위 하나를 가리키며 중얼거렸어요.

"저 바위에 무슨 그림이 그려져 있던데……. 우린 그게 뭔지 통 알 수가 없단 말이지……."

"그림이라고요?"

문명대 교수는 할아버지의 말에 귀가 솔깃했어요.

"뭐, 흔한 마애불이겠지요."

조사 단원 가운데 한 사람이 대수롭지 않게 말했어요.

"뭐, 별거 아닐 수도 있겠지만, 한번 가 봅시다. 내 눈으로 직접 확인해 보고 싶군요."

문명대 교수의 말 한마디에 일행은 자리를 털고 일어났어요.

한참 동안 울퉁불퉁하고 거친 길을 걷던 문명대 교수와 조사 단원들은 최씨 할아버지가 가리킨 바위를 보고 깜짝 놀랐어요.

이끼로 뒤덮인 바위 사이사이로 기하무늬와 각종 그림들이 보이는 게 아니겠어요?

조사단은 기대감에 떨리는 마음을 애써 가라앉히며 손으로 이끼를 조심조심 걷어 냈어요. 판판한 바위는 위쪽이 15도 정도 앞으로 튀어나온 채 비스듬히 기울어져 있었어요. 바위에는 여러 가지 도형과 글, 그림이 빼곡히 새겨져 있었어요. 이렇게 바위에 새긴 그림을 암각화라고 해요.

바위에는 그려진 시대가 다른 그림들이 위, 아래로 나뉘어져 있었어요.

윗면에는 바위를 쪼아서 새긴 동심원무늬, 물결무늬, 나선무늬, 마름모꼴무늬 등이 다양했어요. 이들 무늬는 각각 그려져 있거나 서로 겹쳐 있기도 했지요. 이러한 기하무늬는 주로 선사 시대 암각화에서 볼 수 있는데, 동심원과 나선무늬는 태양 또는 강물이나 비를 상징하고, 마름모꼴과 물결무늬는 생명력과 풍요로움을 상징해요. 이것들은 청동기 시대 그림으로, 농경 사회와 깊은 관련이 있는 듯했어요.

기하무늬 주위에는 말, 염소 등 동물 그림도 있었는데, 그중에서 사슴과 순록이 가장 많았어요. 사슴은 대개 암수 두 마리가 마주 보고 서 있고, 순록은 큰 뿔을 지닌 모습으로 당당하게 홀로 서 있었지요.

▲ **천전리 각석** 위쪽이 15도 정도 앞으로 비스듬히 튀어나온 바위에 기하무늬, 동물 등 여러 그림이 빼곡히 그려져 있어요.

천전리 각석은 우리나라에서 최초로 발견된 암각화야.

◀ 천전리 각석에 새겨져 있는 기하무늬 마름모꼴, 물결, 나선무늬 등이 보여요.

기하무늬는 청동기 시대의 농경 사회와 관련이 있어.

　아랫면에는 선을 그어 새기는 기법으로 기마 행렬도, 큰 돛을 단 범선, 용, 새 그림과 함께 글씨가 새겨져 있었는데, 신라 시대 화랑들이 남긴 작품이 분명했어요. 특히 배 그림은 오늘날 신라의 해상 활동을 보여 주는 중요한 자료가 되고 있지요.

　또한 바위에는 800자가 넘는 글자가 새겨져 있었는데, 법흥왕의 왕비와 진흥왕이 이곳을 다녀간 것을 기념한 내용이었어요.

　청동기 시대부터 신라 시대에 이르기까지 세대가 다른 사람들이 이 바위에 작품을 남겨 놓았으며, 이 그림을 통해 그 시대의 생활 모습을 알 수 있게 되었지요.

　이런 멋진 바위그림에 '천전리 각석'이라는 이름을 붙였어요. 천전리 각석은 국보 제147호로 지정되었으며, 우리나라에서 가장 먼저 발견된 암각화라는 점에서 큰 의의가 있어요. 하지만 이것으로 끝이 아니에요. 천전리 각석은 더 대단한 암각화를 발견하기 위한 신호탄에 불과했어요.

크리스마스의 기적, 울주 반구대 암각화

천전리 각석이 발견된 지 1년이 지난 1971년 12월 25일 크리스마스 날, 문명대 교수는 동료 교수 두 명과 함께 다시 천전리를 찾았어요. 지난해 조사 때 마을 사람들이 "반구대 아래쪽에 호랑이랑 고래가 새겨진 절벽이 있다."고 한 말이 기억났기 때문이었지요. 문명대 교수는 그 절벽을 꼭 찾고 싶었어요.

그해는 가뭄이 들어 농민들은 애가 탔지만 조사단에게는 아주 좋은 기회였어요. 가뭄으로 물이 빠져서 바위가 통째로 드러나 있었거든요. 세 사람은 배를 타고 하류로 천천히 내려가면서 주변의 암벽을 살펴보았어요.

바로 저 바위야! 우리에게 멋진 크리스마스 선물을 주셨네!

 '어디에 있는 거야? 제발 내 눈앞에 모습을 드러내어 주렴.'

 문명대 교수는 마음속으로 간절히 빌었어요.

 반구대 마을에서 약 800미터가량 내려왔을 때였어요. 깎아지른 절벽이 펼쳐진 가운데 오른쪽에 마치 대패로 깎은 듯 평평한 바위 면이 보였어요. 세 사람은 누가 먼저랄 것도 없이 동시에 외쳤어요.

 "바로 저 바위야!"

 배가 바위 면 가까이 다가가자 각종 그림들이 보이기 시작했어요. 고래와 늑대, 사슴, 호랑이, 그리고 인물상 등 353점에 달하는 수많은 그림들이 한 편의 파노라마처럼 펼쳐져 있었어요. 오랜 세월 동안 숨겨져 있던 울주 반구대 암각화가 세상에 알려지는 극적인 순간이었어요.

 울주 반구대 암각화는 크리스마스에 발견되었다고 하여 '크리스마스의 보물'이라고 불려요. 이 암각화는 국보 제285호로 지정되었어요. 정식 이름

▲ 울주 대곡리 반구대 암각화 모형

반구대 암각화는 신석기 사람들이 고래잡이를 했다는 걸 알 수 있는 최초의 그림이야.

은 울주 대곡리 반구대 암각화예요.

울주 반구대 암각화는 지금으로부터 7,000년 전 신석기인들이 바위에 새긴 그림이에요. 이 그림의 발견은 세계 고고학계를 깜짝 놀라게 했어요.

어떤 그림이 새겨져 있는지 울주 반구대 암각화로 떠나 볼까요?

유물 속으로

고래 그림이 가장 많아요

울주 반구대 암각화를 만나려면 천전리에서 대곡천을 따라 하류로 내려와야 해요. 그렇게 2킬로미터 정도 내려와 반구대를 지나면, 좀 더 아래쪽

▲ 반구대 암각화에 그려진 다양한 사람 모습

두 팔을 벌리고 있는 사람, 무기를 들고 있는 사람 등 정말 다양하구나!

에 자리 잡은 바위 절벽에 그림이 그려져 있는 것을 볼 수 있어요.

그림이 그려진 부분은 2.5미터쯤 되는 높이예요. 보통 사람의 키보다 높은 곳에 그려져 있다는 것이 신기하기도 하고 이상하기도 하지요?

그래서 옛날 울주 사람들은 이 암각화를 '귀신이 그린 그림'이라고 여겼대요. 반구대 암각화에는 사람 16점, 호랑이·표범·멧돼지·사슴·늑대 등 육지 동물 105점, 고래 60여 마리, 고래잡이배 4척 등 353점의 다양한 모습이 그려져 있어요.

암각화 제일 위쪽에는 두 팔을 올리고 다리를 약간 굽혀 춤을 추는 인물이 있어요. 성기가 과장되게 표현되어 있는 이 인물은 과연 누구일까요?

아마도 이 인물은 반구대 마을의 샤먼(무당)이었을 거예요. 샤먼은 마을

 ▲ 작살을 맞은 고래 그림
 ▲ 새끼를 업은 고래 그림

사람들이 사냥을 잘하고 고래도 잘 잡을 수 있기를 기원하면서 춤을 추었을 거예요.

왼쪽 맨 아래에 팔과 다리를 수평으로 벌린 인물은 아마도 샤먼의 아내인 것 같아요. 크나큰 손가락과 발가락을 모두 펼치고 있어 마치 벼락이라도 맞은 것 같지요?

긴 성기를 앞세우고 한 손에 몽둥이 같은 무시무시한 무기를 들고 있는 남자도 있어요. 그 남자의 앞에는 멧돼지 한 마리가 웅크리고 있지요.

암각화에 그려진 인물들은 사냥꾼이나 어부 또는 제사장이에요. 이 인물들의 성기가 과장되게 그려진 것은 종족의 번식을 바란 것이라고 추측할 수 있어요.

반구대 암각화에서 가장 많이 그려진 동물은 무엇일까요? 맞아요, 바로 고래예요.

고래 그림이 얼마나 다양하게 그려져 있는지 몰라요. 작살 맞은 고래, 새끼 업은 고래, 물을 뿜으며 힘차게 솟아오르는 고래 등 가지각색의 모습이

어부 20여 명을 태운 배(왼쪽)가 도구(가운데)를 연결해서 작살 맞은 큰 고래(오른쪽)를 끌고 가네요.

▲ 고래를 끌고 가는 배 그림

그려져 있지요. 또한 배에 주름이 있는 혹등고래, 삼각형 지느러미와 휘어진 입 모양을 한 긴수염고래, 뭉툭한 머리와 입을 가진 향유고래, 새끼를 업은 귀신고래, 북방긴수염고래 등 11종류 60여 마리의 고래가 그려져 있다니, 정말 놀랍지 않을 수 없어요.

암각화 맨 위쪽에는 고래잡이를 나가는 배가 선명하게 그려져 있어요. 사람들을 가득 태운 채 멀리 떠나가는 모습이 마치 하늘로 오를 듯 경쾌한 모습이지요. 바위의 중심부에도 두 척의 배가 더 그려져 있는데, 고래 떼 사이에 한 척이 있고, 그보다 가늘게 그려진 다른 배에는 20여 명의 어부가 타고 있어요. 이들 그림과 떨어져서 암벽의 맨 오른쪽에 배 한 척이 또 보이는데, 이 배 위에는 작살을 맞고 몸부림치는 고래가 그려져 있어요.

암각화 오른쪽 아랫부분에는 고래 몸체를 선으로 그은 그림이 있어요. 잡은 고래를 마을로 가져와서 수십 조각으로 잘라 공동으로 나누는 모습이지요. 고래는 무게가 10톤 정도 되는 아주 큰 물고기여서 한 마리만 잡아도 마을 사람들이 먹을거리 걱정 없이 한 계절을 나기에 충분한 양이었답니다. 이처럼 반구대 암각화는 7,000년 전에 선사 시대 사람들이 고래 사냥을 시작했다는 사실을 알려 주는 세계 최초의 고래잡이 그림이랍니다.

선사 시대 사람들이 바위그림을 그린 이유

선사 시대 사람들은 왜 바위에 그림을 그려 놓았을까요?

선사 시대에는 문자가 없었잖아요. 문자가 없던 시대였기 때문에 중요한 정보를 바위에 새겨 후손에게 전달하려고 한 거예요.

우리는 바위그림을 통해서 그 당시 사람들의 생활 모습을 알 수 있어요.

울주 반구대의 바위그림을 보면 이 마을 사람들은 여름에는 주로 고래 사냥을 하고 살았던 것으로 여겨져요. 그래서 마을 사람들은 고래 사냥이 잘되기를 바라는 마음으로 바위에 고래를 새긴 것이지요.

햇빛이 가장 길게 비치는 하지가 돌아오면, 해 뜨기 전부터 수십 명의 마을 사람들이 공터에 모여들었어요. 절벽 아래 제단처럼 생긴 바위 옆에는 근엄한 표정의 마을 제사장이 바위그림을 향해 춤을 추었어요. 마음속으로는 고래가 많이 잡히고, 사람들이 안전하게 사냥하고 돌아오게 해 달라고 간절히 기원했지요. 의식이 끝나면 마을 사람들은 미리 준비한 음식을 나눠 먹고 한바탕 춤판을 벌인 뒤, 남자 어른들은 배에 올라타고 바다로 나갔을 거예요.

바위그림은 새로 자라나는 세대에게 고래에 관한 지식과 고래 잡는 기술을 교육하는 학교의 역할도 톡톡히 했을 거예요. 아직 고래에 대해 잘 모르는 어린이들은 바위그림을 보면서 고래의 습성이나 사냥 기술을 조금씩 배워 나갔을 거예요.

▲ 육지 동물을 그린 그림

고래 그림만 있는 줄 알았더니 이런 육지 동물 그림도 많이 있네.

　고래를 주로 그렸던 앞의 그림들과 달리 반구대 암각화에 덧그려진 그림들은 주로 육지 동물 그림이에요. 선사 시대에 육지 동물을 사냥하는 일은 가을부터 겨울에 많이 이루어졌어요. 겨울철에는 반구대에 햇볕이 들지 않아 어둡고 추웠어요. 하지만 사람들은 추운 겨울에도 쉬지 않고 사냥에 나섰고, 사냥이 잘되기를 바라는 염원을 담아 바위라는 거대한 도화지에 그림을 새겨 넣은 것이지요.

　가장 인기 있는 사냥감은 배가 불룩한 사슴이에요. 사냥꾼은 손에 활을 들고 옆구리에 화살통을 차고 사슴을 사냥해요. 선사 시대 사람들에게는 먹을거리를 얻는 일이 무엇보다도 중요했어요. 그래서 새끼를 밴 동물을 많이 그려서 풍요를 기원했어요.

　또 바위그림에는 다양한 사냥 방법이 그려져 있어요. 아주 단단해 보이는 그물을 사용해 맹수를 잡는 그림도 있고, 사슴을 미끼로 묶어 놓고 맹수를 유인하는 그림도 있어요. 이러한 그림들은 사냥 교과서 역할을 했지요. 또 나무 울타리에 갇힌 짐승도 있는데, 이것은 사냥한 짐승을 울타리에 가두어 기르는 모습으로 해석할 수 있어요.

이렇게 바위그림에 대해 알아 가다 보니 바위그림을 어떻게 그렸을지 궁금해지지 않았나요? 과연 옛날 사람들은 어떤 방법으로 바위에 그림을 그

유물 더 알아보기

풍년을 기원한 고령 장기리 암각화

암각화는 옛날 사람이 살던 곳이라면 어디서나 발견돼요. 우리나라에서는 반구대 암각화가 발견된 울산 지역뿐 아니라 포항, 경주, 연천 등 20여 곳에서 바위그림이 발견되었어요. 경상북도 고령군 장기리 알터 마을 입구에서도 암각화가 발견되었어요. 이곳 장기리 암각화는 높이 약 3미터, 폭 6미터의 바위에 그림이 군데군데 새겨져 있어요. 큰 원 안에 작은 원이 들어가 있는 동심원, 십자형 무늬, 가면 모양 무늬가 대부분이지요. 동심원은 원을 세 개 겹쳐 그렸는데, 태양신을 상징해요. 동심원 주위에는 네모난 테를 두른 십자형 무늬가 있어요. '밭 전(田)' 자처럼 생겼는데 부족의 생활권을 나타낸 것으로 보여요. 가면 모양 무늬는 위에는 머리카락을, 좌우에는 수염 같은 털을 그렸고 눈, 코, 귀, 입은 홈을 파서 표현했는데, 마치 사람 얼굴처럼 보여요. 아마도 옛날 사람들은 이 바위에 그림을 새기고 태양신에게 풍년이 들게 해 달라고 기원했을 거예요. 장기리 암각화는 청동기 시대 암각화로서 보물 제605호로 지정되었어요.

▲ 고령 장기리 암각화

렸을까요?

바로 절벽의 바위 면을 쪼아서 파내거나 그림의 윤곽만을 선으로 새겨서 바위그림을 그렸어요. 바위 면을 파내는 방법을 면 새김법, 그림의 윤곽을 선으로 새긴 방법을 선 새김법이라고 해요. 이러한 방법으로 오랜 세월 동안 바위에 그림을 그려 온 거예요. 우리가 보고 있는 바위그림은 신석기 시대부터 청동기 시대에 이르기까지 수천 년 동안 대를 이어 새기고 또 새겨서 완성된 그림이에요.

신석기인들의 소중한 삶의 기록인 울주 반구대 바위그림은 일 년 내내 볼 수는 없어요. 1965년 대곡천 하류에 사연댐이 건설되면서 울주 반구대 암각화가 일 년에 반 이상은 물속에 잠기기 때문이에요. 대곡천의 물이 마르면 바위그림이 밖으로 드러나고, 물이 많은 홍수 철에는 물속에 잠기거든요.

이렇게 바위가 물에 잠겼다가 드러났다가 하면서 바위 그림이 심하게 훼손되었어요. 2005년 대곡댐이 만들어져서 바위그림이 물에 잠기는 횟수가 줄어들기는 했지만 큰비가 오면 물에 잠기는 것은 똑같다고 해요.

그림 353점 중에서 현재 알아볼 수 있는 것은 20여 점 정도밖에 안 된다고 하니, 정말 큰일이지요? 어서 빨리 울주 반구대 암각화를 잘 보존할 수 있는 대책이 마련되었으면 좋겠어요.

고물상에서 발견한 보물
농경문 청동기

보물 제1823호

역사의 한 장면

푸른 녹이 슨 작은 청동기 조각

　1970년 어느 날, 국립 중앙 박물관에 한 골동품상이 찾아왔어요. 그는 품속에서 파랗게 녹슨 작은 청동 물건을 꺼내 놓았어요. 상태를 보니, 두 조각으로 갈라져 있었고, 그나마 아랫부분은 부러져서 없어진 상태였어요.
　"어디서 구입한 것입니까?"
　박물관 직원이 물었어요.
　"아는 상인이 대전 지역에 있는 고물상에서 발견했는데, 귀한 유물인 것 같아서 제가 다시 사들였습니다."
　아쉽게도 이 청동 제품은 어디서 출토되고, 출토 당시 어떤 형태로 배치되어 있었는지 알 수가 없었지요.
　직원은 잠시 망설였어요. 출토 지역이 분명하지 않은 유물은 그다지 가치

있게 여기지 않기 때문이었지요. 하지만 청동 제품이니 기원전에 만들어졌을 가능성이 있고, 또 보기 드문 형태여서 2만 8천 원이라는 아주 싼 가격을 주고 사들였어요.

직원은 유물의 상태를 확인하기 위해 차근차근 녹을 벗겨 나갔어요. 그러다가 깜짝 놀라고 말았어요. 청동의 앞뒷면에 그림이 새겨져 있는 것이었어요. 바로 농사짓는 사람이 그려진 그림이었지요. 이 유물은 청동으로 만들어졌고, 농사와 관련된 그림이 있어서 '농경문 청동기'란 이름이 붙었어요.

농경문 청동기는 빛을 보지 못하고, 오랫동안 국립 중앙 박물관 수장고에 잠자고 있었어요. 출토지와 출토 상황을 알 수 없었기 때문이지요. 그러다가 44년이 지난 2014년이 되어서야 보물 제1823호로 지정되었어요. 문자기록이 없는 선사 시대에는 출토된 유물을 가지고 그 당시 사람들의 생활 모습을 추측할 수밖에 없어요. 그런데 이 청동기에는 그 당시 사람들의 농사짓는 모습이 생생하게 그려져 있다는 점 때문에 그 가치를 인정받은 것이지요. 어떤 그림인데 농경문 청동기를 오랜 암흑에서 벗어나게 하여 우리의 주위를 끌게 되었는지 한번 살펴볼까요?

유물 속으로

농사짓는 모습이 담긴 농경문 청동기

농경문 청동기는 길이 12.8센티미터, 너비 7.3센티미터로, 손바닥 한 뼘 정도밖에 안 되는 크기예요. 모습은 얼핏 보면 기와집처럼 생겼는데, 아랫

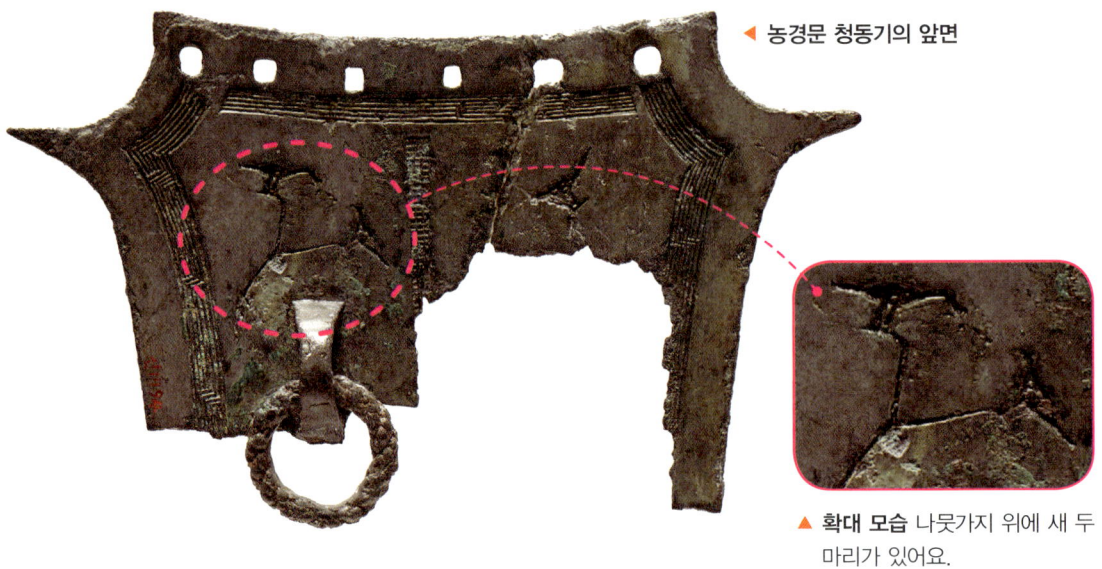

◀ 농경문 청동기의 앞면

▲ **확대 모습** 나뭇가지 위에 새 두 마리가 있어요.

부분은 깨졌어요. 맨 위의 기와 부분에는 작은 네모로 된 구멍이 여섯 개 나 있어요. 이 구멍들은 조금씩 닳아 있는데, 양끝의 구멍 두 개는 특히 많이 닳아 있었어요.

그리고 왼쪽 아래에는 마치 옛날 집 방문의 문고리처럼 생긴 고리가 달려 있네요. 이것의 용도는 무엇이었을까요? 혹시 청동기를 흔들면 고리가 움직여서 몸체를 때려 소리를 내게 한 건 아닐까요? 그러고 보니 맨 위의 여섯 구멍도 끈을 매달려고 뚫어 놓은 것 같아요. 끈을 꿰어 오랫동안 사용해서 구멍 두 개는 특히 많이 닳아 있었던 것 같고요.

아쉽게도 청동기의 오른쪽 아래가 깨져 나가서 알 수 없지만, 농경문 청동기 맨 위의 기와 모양을 보면 이 청동기는 좌우 대칭이었을 것 같아요. 그래서 깨진 부분에도 고리가 하나 더 달려 있었던 것은 아닐까요? 그래야 구멍에 끈을 매달아도 무게 때문에 한쪽으로 기울지 않았을 테니까요.

이번엔 고리 위쪽의 그림을 살펴볼까요? 비스듬히 기울어진 'Y' 자 모양의 선 끝에 뭔가 달려 있지요? 마치 나무 꼭대기 양 끝에 새 두 마리가 앉아 있는 것 같아요. 청동기 오른쪽 깨어진 부분에도 새 한 마리가 보이네요. 이것으로 미루어 보아 깨어진 오른쪽 부분에도 왼쪽과 똑같은 무늬가 새겨져 있었을 것으로 추측돼요.

이제 청동기를 뒤집어 볼까요?

뒷면은 앞면보다 그림이 더 선명하게 보여요. 뒷면에는 농사짓는 세 사람이 사실적으로 그려져 있어요. 먼저 비교적 깨지지 않고 잘 남아 있는 오른편 위쪽을 살펴볼까요?

한 사람이 긴 막대기를 들고 서 있는 게 보이나요? 머리 뒤에 길게 그려진 것은 아마도 깃털 장식을 표현한 것 같아요. 그리고 그 사람이 들고 있는, 끝이 두 갈래로 갈라진 것은 날이 2개인 '따비'라고 불리는 농기구예요. 오늘날에도 사용되는 농기구인데, 풀뿌리를 뽑거나 땅을 가는 데 쓰여

◀ **농경문 청동기의 뒷면**
농사짓는 모습이 새겨져 있어요.

얼핏 보면 기와집에 문고리가 달려 있는 모습 같아!

요. 그리고 따비 아래에는 열심히 밭을 간 듯 10개의 밭고랑과 이랑이 선으로 잘 표현되어 있어요.

아래에 또 한 사람이 보이지요? 손에 농기구를 들고 상체가 뒤로 젖혀진 자세인데, 안타깝게도 아랫부분은 잘려 나가 보이지 않네요. 이 사람이 들고 있는 농기구는 괭이 같아요. 땅을 파는 데 쓰는 농기구인데, 몸을 힘껏 뒤로 젖혔다가 내려치려는 모습을 생생하게 표현했네요.

청동 조각의 왼쪽 부분도 살펴볼까요?

아랫부분이 많이 깨어져 아쉽지만, 한 사람이 두 손을 앞으로 내밀고 있는 모습이 보이지요? 앞에는 그물 무늬의 입구가 좁은 토기 항아리도 보이고요. 아마도 추수한 곡물을 토기 항아리에 담고 있는 모습인 것 같아요.

그러고 보니, 세 사람은 모두 농사와 관련이 있네요. 봄에 땅을 파고 밭을 고른 뒤, 가을에 추수하는 모습이네요.

벌거벗은 채로 밭을 갈고 있다고요?

따비로 밭을 가는 사람을 자세히 살펴볼까요? 이 사람은 남자일까요, 여자일까요? 자세히 보면 두 다리 사이에 삼각형 모양으로 삐죽 나온 부분이 있어요. 바로 남성의 성기이지요. 그래서 밭을 가는 사람은 남자랍니다.

그럼, 또 한 가지 의문이 들겠지요? '성기가 보이다니, 그럼 저 남자는 옷을 입지 않고 농사를 짓고 있단 말인가?' 하고 말이에요.

그에 대한 해답은 유희춘(1513~1577)의 《미암 선생집》 3권을 보면 알 수 있어요. 유희춘은 조선 시대 중기의 학자로, 유배를 가서 19년간 국경 지방에서 생활했어요. 그때 함경도 지방의 풍속을 보고 이런 기록을 남겼어요.

"새해가 되면 옷을 벗고 밭갈이하는 것이 가장 해로운 풍습이다. 해마다 입춘이 되면 지역 관리들은 관청 문 앞 길가에서 사람에게 나무로 만든 소를 몰아 밭을 갈고 씨앗을 뿌리는 모습을 흉내 내게 한다. 이런 의례로 한 해의

◀ 따비로 밭을 가는 사람

어? 저 사람은 발가벗고 농사를 짓고 있네!

농사를 점치고 풍작을 기원한다. …… 그런데 곡식의 풍요로움을 위해서 밭 갈고 씨 뿌리는 사람은 반드시 벌거벗어야 한다. 부들부들 추위를 무릅쓰게 하니 이 무슨 해괴한 작태인가."

이 글에서 유희춘은 벌거벗고 농사를 짓는 것은 잘못된 풍습이라고 말하고 있어요. 조선 시대에 벌거벗고 농사를 지었다니 뜻밖이죠? 그렇다면 벌거벗고 밭을 가는 풍습은 청동기 시대에 시작되어 조선 시대까지 이어져 온 건 아닐까요?

게다가 그림 속 남자의 깃털 장식은 평범하지 않아요. 분명 신분이 높은 부족장이었을 거예요. 그렇다면 농경문 청동기는 한 해 농사의 풍년을 기원하기 위해 부족장이 벌거벗은 채 농사를 짓는 모습을 그려 놓은 게 아닐까요? 그래서 다산의 상징인 남성의 성기를 드러낸 채 밭을 가는 풍습이 전해졌을 거예요.

농경문 청동기가 제사에 쓰였다고요?

우리나라에서 출토되는 청동기는 보통 세 가지로 나눌 수 있어요. 칼이나 창·화살촉 등의 무기류, 도끼·손칼·끌 같은 도구류, 그리고 청동 거울 등 제사 지낼 때 쓰는 의례용 기구류이지요. 그중 문양이 새겨진 청동기는 대부분 제사 지낼 때 쓰인 의례용 기구였어요. 따라서 농사짓는 그림이 새겨진 농경문 청동기도 제사 지낼 때 쓰였을 것으로 추측해요.

그러면 농경문 청동기는 어떤 방법으로 쓰였을까요? 제사장이 6개의 구멍에 끈을 꿰어 몸에 걸치고 제사를 지냈을까요? 아니면 솟대와 같은 큰

▲ 마을 입구에 세워져 마을을 지켜 주는 수호신 역할을 하는 솟대

나무에 걸어 놓고 제사를 지냈을까요? 아무튼 이 청동기를 걸고 한 해의 풍요와 안녕을 비는 제사를 지낸 것만은 쉽게 추측할 수 있어요.

하늘에 제사를 드리는 풍습은 중국의 진서가 쓴 《삼국지》의 〈위서〉 동이전에서 삼한의 역사를 쓴 내용 속에서도 엿볼 수 있어요.

> "마을에서 한 사람을 뽑아 하늘 신에게 제사를 지낸다. 이 사람을 천군이라 한다. 이들 나라에는 각각 소도라는 특별한 마을이 있다. 이곳에서 '큰 나무'를 세운 뒤, 방울과 북을 매달아 놓고 귀신을 섬긴다."

큰 나무를 세운다는 구절에서 농경문 청동기의 앞면에 있는 나무와 새가 연상되지요? 소도라는 특별한 마을에 세워 놓은 큰 나무는 제사장에게 하늘과 땅을 이어 주는 존재였을 거예요. 이것은 오늘날에도 볼 수 있어요. 농촌 마을 입구에 세워져 있는 솟대가 바로 그것이지요.

예부터 사람들은 마을의 나쁜 기운을 없애 주고, 곡식이 잘되기를 바라는 마음을 담아 마을 입구에 솟대를 세웠어요. 새는 예로부터 농경과 관련하여 곡식을 물어다 주는 귀한 존재이자, 하늘의 뜻을 사람들에게 전하고, 사람들의 소망을 하늘에 알려 주는 영험한 동물로 여겨졌지요. 농경문 청동기에 있는 새와 나무도 이와 같은 의미로 그려진 것 같아요.

이외에도 《삼국지》의 〈위서〉 동이전에 쓰여 있는 삼한의 역사에는 하늘에 제사를 지내는 제천 의식에 관한 내용도 있어요.

"해마다 5월 씨를 뿌린 뒤와 10월 농사일을 끝낸 뒤, 귀신에게 제사를 지낸다. 함께 모여 밤새도록 노래 부르고, 춤추며, 술을 마신다. 춤은 수십 명이 함께 일어나 땅을 밟으며 몸을 굽혔다가 치켜들었다가 한다."

우리나라 사람들은 신석기 시대부터 조, 기장, 피 등 곡물을 농사지어 먹고 살았어요. 그러다가 벼농사를 비롯한 본격적인 농사가 시작된 것은 청동기 시대부터였어요. 그래서 청동기 시대 유물 유적을 살펴보면 농사와 관련된 것이 많고, 농경문 청동기와 비슷한 내용도 많아요.

농경문 청동기에 그려진 밭은 진주 대평리에서 발굴된 고랑과 이랑이 있는 밭 유적과 비슷해요. 그리고 지금까지 출토된 청동기 시대 토기들은 입구가 좁고 몸통이 공처럼 부푼 모습인데, 농경문 청동기에 그려진 토기와 비슷해요. 특히 격자무늬는 진주 상촌리 등 청동기 시대 주거지에서 발견된 커다란 저장용 토기에서도 볼 수 있는데, 이 무늬는 아마도 토기를 옮기거나 한 곳에 고정해 놓을 때 묶은 끈 때문에 생긴 자국일지도 몰라요.

손바닥 한 뼘 크기의 농경문 청동기에서 우리는 청동기 시대 밭농사에 대해 많은 걸 알게 되었어요. 이랑과 고랑을 만들고, 따비나 괭이 같은 농기구를 사용해서 밭을 갈았으며, 풍년을 기원하는 제사를 지냈다는 사실을요. 따라서 국립 중앙 박물관 수장고에 잠자고 있던 이 청동기가 보물로 지정될 수밖에 없을 만큼 귀중한 유물이었던 것이 확실하네요.

유물 더 알아보기

엿장수 덕분에 발견한 화순 대곡리 청동기

청동기 유물은 대부분 도굴된 것이 많아 출토지가 분명하지 않지만, 대곡리 청동기는 그렇지 않아요.

1971년 전라남도 화순군 도곡면 대곡리에 사는 구씨는 자기 집의 배수로를 만들려고 땅을 파다가 처음 보는 이상한 청동 물건들을 발견했어요. 그는 이것들의 쓰임새를 도통 알 수가 없었어요. 그래서 마을에 온 엿장수에게 팔아 버렸지요. 엿장수는 이것들이 예사롭지 않다고 여겨 전라남도 도청에 신고했어요. 얼마 후, 문화재 관리국이 구씨의 집터를 발굴하기 시작했어요.

그곳은 옛날 무덤 자리로, 나무 관의 흔적과 그 위를 덮던 깨진 돌들이 나왔어요. 그리고 세형동검 3점, 팔주령 2점 등 모두 11점의 귀한 청동기가 나왔지요. 팔주령과 청동 거울로 미루어 보아 무덤의 주인은 높은 지배층이거나 제사장이었을 것으로 추측돼요. 이곳에서 나온 유물 일체는 국보 제143호로 지정되었어요.

▲ 화순 대곡리에서 출토된 청동 방울, 팔주령

잃어버렸다가 되찾은
금동 연가 7년명 여래 입상

국보 제119호

 **역사의 한 장면**

미스터리한 불상 도난 사건

"뭐, 국보 제119호 불상을 도난당했다고?"

신문에 난 기사로 인해 나라 안이 온통 떠들썩했어요. 무슨 일인지 사건 속으로 들어가 볼까요?

1967년 9월 24일, 해방 이후 첫 문화재 전시회가 덕수궁 미술관에서 열렸어요. 이 전시회는 원래 한 달 예정이었지만, 그다음 날이 마침 공휴일이었기 때문에 하루 더 연장하기로 하였지요.

마지막 날인 10월 24일, 미술관 안에는 관람객이 120명 정도 있었어요. 어쩐 일인지 오전 9시 40분쯤 갑자기 정전이 되더니, 오전 11시가 되어서야 불이 들어왔지요. 그런데 이게 어떻게 된 일일까요? 그사이에 국보 제119호 금동 연가 7년명 여래 입상이 감쪽같이 사라져 버린 거예요. 불상이 있던 자리에는 메모 한 장이 달랑 놓여 있었어요.

"문화재 관리국 국장께 알리시오. 오늘 밤 12시까지 돌려준다고.
세계 신기록을 남기기 위해 범행을 한 것이니
타인에게 알리거나 얕은 수작 부리지 마시오.
다시 연락하겠소."

원래 이 불상은 유리 상자 안에 놓여 있었는데, 잠금 장치가 없었어요. 미술관 안에 있던 경비원과 관람객 그 누구도 범인의 얼굴을 보지 못했지요. 경비원은 곧바로 경찰에 신고한 후, 덕수궁 미술관 정문뿐만 아니라 덕수궁의 모든 문을 닫아 걸었지요. 물론 덕수궁에 온 모든 관람객은 밖으로 나갈 수도 없었고요.

경찰은 즉시 수사를 시작했지만 단서를 찾을 수 없었어요. 문화재가 나라 밖으로 나갈지 몰라 전국 공항과 항만에도 봉쇄령이 내려졌어요.

오전 11시 30분, 문화재 관리국 국장의 집에 전화가 걸려 왔어요.

"문화재 관리국 국장이오?
내가 범인이오. 미안하오. 약속대로 돌려주겠소."

범인은 오후 3시에 또다시 전화를 걸어 유네스코 회관 태궁다방에 쪽지를 남겼다는 사실을 알려 왔어요.

"생활이 곤란해서 훔쳤지만, 물건은 약속대로 오늘 중으로 돌려주겠소."

그 후 몇 차례 더 전화가 걸려 왔어요. 국장은 범인과 통화할 때마다 이렇게 타일렀어요.

"당신이 가져간 것은 국보요. 팔 수 있는 물건이 아니오. 게다가 금도 아니오. 그러니 돌려주시오."

밤 11시 5분, 다시 전화가 걸려 왔어요.

"순금인 줄 알고 훔쳤는데 그렇지 않고
세상도 떠들썩하니 양심의 가책을 느껴 견디기 힘드오.
이제 그것이 어디에 있는지 알려 줄 테니, 잘 듣기 바라오.
금불상은 한강 철교 제3교각 16번과 17번 침목 받침대 사이
모래밭에 묻어 두었으니 찾아가시오."

불상은 비닐봉지에 싸인 채 범인이 알려 준 장소에 있었어요. 12시간 만에 도난당한 불상을 찾은 것이지요.

그 뒤에도 수사는 계속되었지만, 범인의 정체는 밝혀지지 않았어요. 그가 남기고 싶었다는 '세계 신기록'이 무엇인지, 어떻게 훔쳤으며, 왜 훔쳤는지는 아직도 미스터리로 남아 있어요.

호주머니에 쏙 들어갈 만큼 작은 불상

1963년 경상남도 의령, 마을 주민 강씨가 아들 전씨와 함께 마을 앞 돌밭에서 자갈을 추리고 있었어요. 그때 돌무더기 밑에서 커다란 판석을 발견했어요. 전씨가 판석을 열어 보니, 그 밑에는 가로세로 약 40센티미터 되

는 작은 석실이 있고, 안에는 자그마한 금빛 불상이 빛나고 있었지요.

"어머나, 금부처잖아. 우리가 착하게 살아서 부처님께서 보답을 해 주셨나 보다."

어머니 강씨는 너무 기쁜 나머지 소리를 질렀어요.

불상은 높이가 16.2센티미터로 무척 작았어요. 주머니 속에 넣고 다니기에 딱 좋은 크기였어요.

강씨가 불상을 발견했다는 소식이 마을에 널리 퍼졌어요. 그러자 경찰이 찾아와서 불상을 조사하겠다며 가져갔어요. 그런데 경찰서 안에서 안타까운 일이 벌어지고 말았어요.

'이게 정말 금으로 만들어졌을까?'

그것이 궁금했던 한 경찰이 불상을 들고 이리저리 살펴보다가 그만 손에서 놓치고 만 거예요. 그 결과 불상은 바닥에 떨어진 충격으로 광배에 금이 가고 말았지요. 부처 윗부분에 꺾여 있는 모습이 보이지요?

불상은 결국 경남도청을 거쳐 당시 문화재 업무를 담당하던 문교부로 전해졌어요. 그곳에서 불상을 연구하였지요.

◀ 금동 연가 7년명 여래 입상

그해 12월, 문화재 위원회는 불상을 국보 제119호로 지정했어요. 불상이 발견된 지 100일도 되지 않은 짧은 기간이었는데도 말이에요. 또한 문화재 위원회는 불상을 처음 발견한 강씨와 불상이 나온 땅의 소유자에게 각각 20만 원의 보상금을 지급하였어요. 이는 그 당시 문화재 보호법이 제정된 이후 가장 많은 보상금이었어요.

문화재 위원회는 불상의 어떤 점을 보고 이렇게 단기간에 최고의 가치를 매겼을까요? 그 비밀을 파헤치러 가 볼까요?

유물 속으로

이름에서 불상의 특징을 알 수 있다고요?

이 불상의 이름은 '금동 연가 7년명 여래 입상'이에요. 이름이 엄청 길죠? 이 이름 속에는 불상의 특징이 담겨 있다고 해요. 그럼, 이름을 하나하나 살펴볼까요?

우선 '금동'이란 말로 불상의 재료를 알 수 있어요. 금동은 금과 청동이 합쳐진 말로, 청동으로 만들고 나서 그 위에 금을 입힌 것을 말해요.

'연가'는 연호예요. 연호는 왕이 나라를 다스리는 햇수를 세기 위해 붙이는 이름이에요. 보통은 즉위하는 해에 붙이고, 정치적으로 큰 변화가 필요할 때 바꾸기도 했어요. 옛날 왕조에서는 왕이 바뀔 때마다 연호를 새로 만들어 사용했어요. 고구려 광개토 대왕의 연호가 영락이었듯이 연가도 고구려 왕의 연호로 추정돼요. 이 불상의 뒷면에 '연가 7년'으로 시작되는

◀ 광배가 돋보이는 금동 아미타 삼존 판불 좌상
경상북도 경주시 인왕동 월지에서 출토된 통일 신라 시대의 불상이에요. 월지에서 함께 출토된 금동 판 불상 10점 모두 보물 제1475호로 지정되었어요.

글자가 새겨져 있으니, 불상을 '연가 7년명'이라고 이름 붙인 것이지요. 즉, 왕이 즉위한 지 7년째 되는 해에 이 불상을 만들었다는 이야기이죠. '연가 7년'은 고구려 안원왕 때인 539년으로 추측돼요.

'여래'는 부처님을, '입상'은 서 있는 모습의 조각이란 뜻이에요.

따라서 이를 정리하면 '금동 연가 7년명 여래 입상'이란 연가 7년이라는 글씨가 쓰여 있는, 청동 위에 금을 입혀서 만든 부처님이 서 있는 모습의 조각이란 말이지요.

'금동 연가 7년명 여래 입상'을 보면 맨 먼저 눈에 띄는 것은 부처님보다 그 뒤에 있는 넓은 판일 거예요. 이 판을 '광배'라고 해요. 한자로 빛 광(光), 등 배(背), 즉 등에서 빛이 난다는 뜻이지요. 우리가 멋진 사람을 보면 그 사람의 머리나 등에서 '빛이 난다'고 여길 때가 있죠? 마찬가지로 부처님의 성스러움을 표현하기 위해 부처님 등 뒤에 빛을 표현한 것이랍니다. 이 불상은 유난히 광배가 크게 만들어져 있고, 그 안에 조각된 불꽃무늬는 이글거리는 듯한 생동감이 느껴져요.

불상에 글씨가 새겨져 있다고요?

앞에서 말했듯이 이 불상은 발견된 지 100일도 되지 않아 국보로 지정되었어요. 어떻게 이렇게 빨리 불상의 가치를 알게 되었을까요? 그것은 불상의 광배 뒤에 비밀이 숨어 있기 때문이지요.

광배의 뒷면에는 연가 7년으로 시작하는 47자의 한자가 새겨져 있어요. 이 글자를 풀어 보면 다음과 같아요.

> "연가 7년 기미년 고려국 낙랑(평양)의 동사 주지 스님 경과
> 그 제자 승려 연을 비롯한 사도 40인이 함께
> 현겁의 천불을 만들어 세상에 유포하기로 하였다.
> 제29불 인현의불은 비구 법영(혹은 법류)이 공양한다."

연가 7년 기미년에 고려국 낙랑의 동사라는 절에서 불법을 널리 전하기 위해 스님들이 1,000개의 불상을 만들기 시작했는데, 이 불상은 그중 29번째로 만들어졌다는 뜻이지요. 여기서 '고려국'은 태조 왕건이 세운 '고려'가 아니라, 주몽이 세운 '고구려'를 말해요. 고구려는 나라 이름을 고려라고 바꿔 부르기도 했어요. 충주 고구려비의 비문에도 고구려가 아니라 고려로 적혀 있는 것만 보아도 알 수 있지요. 또한 여기에서 낙랑은 평양 지역을 뜻해요.

'인현의불'은 불경 《현겁경》에 등장하는 부처님이에요. 《현겁경》에는 1,000명의 부처님이 등장하는데, 그중 29번째 부처님이란 뜻이에요.

불상을 자세히 보면 부처님은 이글거리는 불꽃무늬 광배를 뒤로 한 채

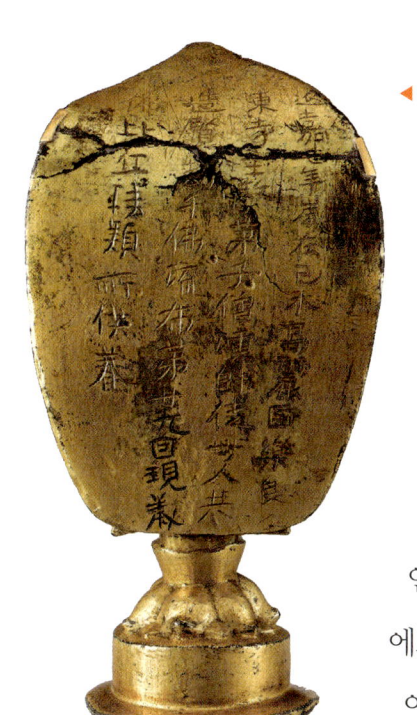

◀ 광배 뒷면에 새겨진 글씨

아하, 이 47 글자 덕분에 불상이 언제, 왜 만들어졌는지 금방 알 수 있었구나!

연꽃 대좌를 딛고 당당하게 서 있는 모습이에요. 오른손은 위로, 왼손은 아래로 손바닥이 보이게 펴고 있으며, 긴 얼굴에 두 눈을 지그시 내려 감고, 작은 입에는 엷은 미소를 머금고 있어 인자함이 가득해요.

고구려 불상이 왜 신라 땅에서 발견되었을까요?

불상이 발견된 의령 지역은 삼국 시대 때 신라 땅이었어요. 그래서 광배에 쓰여 있는 글자를 해독하기 전까지는 불상을 신라 유물이라고 생각했지요. 글자를 해독하고 나서 고구려 불상임이 밝혀지자, 사람들은 또다시 이런 의문이 들었어요.

'왜 고구려 불상이 신라 땅에서 출토된 것일까?'

고구려는 삼국 중에서 제일 먼저 불교를 받아들였어요.

소수림왕 때인 372년, 중국의 전진 왕 부견이 순도 스님을 고구려에 보내

불경과 불상을 전해 주었지요. 374년에는 동진에서 아도 스님이 들어와 불법을 전했어요. 고구려는 이불란사라는 절을 세우고 아도 스님을 머물게 했지요.

광개토 대왕 때인 392년에는 평양에 9개의 절을 지어 불교를 널리 알렸다는 기록이 있어요. 평양에 지은 절 이름은 알려져 있지 않지만, 그중에 하나가 금동 연가 7년명 여래 입상이 만들어진 동사가 아닐까 생각해 볼 수 있어요.

불상이 만들어진 539년은 광개토 대왕과 장수왕의 활약에 힘입어 고구려가 가장 넓은 영토를 가진 시기예요. 고구려는 이렇게 광활한 영토를 다스리기 위해 불교를 이용했어요.

왜냐하면 불교는 백성의 마음을 하나로 만드는 데 큰 힘이 되었으니까

요. 게다가 고구려는 불교를 통해 다른 나라에도 고구려의 힘을 보여 주고자 하였어요. 고구려 스님들은 다른 나라에 불교를 전파하기 위해 불상을 갖고 다녀야 했을 거예요. 그래서 주머니에 쏙 넣고 다니기에 좋은 크기의 불상을 만든 건 아닐까요? 실제로 신라 불교는 고구려를 통해서 들어왔다는 기록이 있거든요.

　불상의 광배 뒷면에 새겨져 있는 글씨를 통해 우리는 고구려 불교가 찬란한 꽃을 피웠으며, 여러 나라로 불교를 전파했다는 사실을 알게 되었어요. 또한 '금동 연가 7년명 여래 입상'은 정확한 제작 장소와 제작 연대를 알 수 있는 우리나라에서 가장 오래된 불상이라는 점도 알게 되었지요. 이렇게 귀한 불상을 도난당할 뻔하다니, 다시는 이런 불행이 없도록 문화재를 더욱 소중히 여겨야겠어요.

스웨덴 황태자가 발굴한
서봉총 금관

보물 제339호

역사의 한 장면

기생이 금관을 썼다고요?

1936년 6월, 신라 금관을 쓴 기생 사진이 평양 시내에 나돌았어요.

한복을 입은 여인이 신라 금관을 쓰고 장신구를 단 채 다소 어색한 표정으로 서 있는 사진이었지요. 스물두 살의 아름다운 이 여인은 서도 소리를 잘하는 평양에서 이름난 기생 차릉파였어요.

사진을 본 〈부산 일보〉 평양 주재 기자는 1936년 6월 29일 자 신문에 '금관의 파문, 박물관의 실태'란 제목으로 기사를 실었어요.

"신라 금관을 쓴 평양의 명기 차릉파의 사진이 시중에 널리 퍼졌다. …… 평양 부립 박물관 당국이 국보인 금관을 기생에게 씌워 사진 촬영을 한 일이 점차 큰 파문을 일으키고 있다."

세상에, 기생에게 금관을 씌우다니! 이 어이없는 일이 어떻게 일어났는지 그날의 사건 현장으로 가 볼까요?

일제 강점기였던 1935년 9월, 평양 부립 박물관은 서울에서 보관 중이던 서봉총 출토 금관을 비롯해서 몇몇 장신구를 대여받아 특별 전시를 열었어요. 박물관장인 일본인 고고학자 고이즈미는 서봉총 금관을 발굴한 장본인이었죠. 전시회가 끝나고 유물들이 서울로 돌아가기 전날이었어요. 특별전을 무사히 마친 걸 축하하는 술자리에서 흥을 돋우기 위해 기생에게 금관과 금제 허리띠, 귀걸이 등의 장신구를 차게 한 것이었지요. 이 사건으로 인해 고이즈미는 박물관장 자리를 내놓아야 했어요. 우리의 소중한 문화재인 금관이 이런 수난을 겪게 되었다니, 정말 가슴 아픈 일이에요.

▲ 〈부산 일보〉에 실린 '금관의 파문, 박물관의 실태'라는 제목의 기사 평양 기생 차릉파는 어떻게 서봉총 금관을 쓰고 있는가 하는 문제점을 다루었어요.

금관 발굴에 참여한 스웨덴 황태자

그럼, 이 금관이 언제 어떻게 발굴되었는지 알아볼까요?

1926년 8월 17일, 경주시 노서리 마을 한복판에는 흰옷을 입은 일꾼들이 바쁘게 흙 지게를 져 나르고 있었어요. 시천교라는 종교 단체에서 주변 경관을 정비하기 위해 담장 너머에 불쑥 솟아 있는 커다란 흙무지를 평평하게 일구는 작업을 하고 있었지요.

그때 일꾼 박씨의 삽 끝에 '쨍' 하고 금속성 부딪히는 소리가 났어요. 이에 깜짝 놀란 인부들이 흙 속을 파 보니, 나뭇조각과 철 조각, 그리고 작은 금 구슬 두어 개가 나왔어요. 바로 노서동 129호분이 1,500년의 침묵을 깨고 모습을 드러내는 순간이었지요.

이 소식을 들은 고고학자 고이즈미 아키오가 곧바로 현장으로 달려왔어요. 이 사람의 이름을 어디서 들어 본 것 같지 않나요? 맞아요, 이 사람은 앞에서 말했던 '기생의 머리에 금관을 씌웠던' 바로 그 박물관장이에요. 그는 당시 조선 총독부 박물관의 발굴부에서 일했는데, 2년 전인 1924년에는 금령총에서 '기마 인물형 토기(국보 제91호)'를 발굴한 적도 있어요.

고이즈미와 조수 두 명이 이틀간 사전 조사를 한 결과, 이 흙무지가 한때는 엄청나게 큰 무덤이었으며, 하나가 아니라는 사실을 알아냈어요. 그곳은 두 고분이 표주박 모양으로 서로 붙어 있는 쌍둥이 무덤이었지요.

고이즈미는 먼저 남쪽 봉분을 발굴하려고 했어요. 그곳에는 이미 초가집이 서 있을 정도로 고분이 많이 훼손되어 있었어요. 그래서인지 토기 파편들과 자잘한 굽은옥 몇 개가 나왔을 뿐이었어요.

고이즈미는 북쪽 봉분으로 눈을 돌렸어요.

◀ 1926년 서봉총 금관 발견 당시의 모습

 북쪽 봉분은 남쪽과는 달리 많은 양의 토기와 유물들이 쏟아져 나왔어요. 그중에는 '연수 원년 신묘'라는 연호가 새겨진 은제 함도 나왔지요.
 이 소식은 스웨덴 황태자 구스타프 아돌프 귀에도 들어갔어요. 그는 부인과 동생 빌렘 왕자 부부와 함께 세계 일주 중이었어요. 마침 일본에 있던 구스타프는 곧바로 우리나라로 건너왔어요. 원래 고고학자인 그는 고분 발굴에 관심이 많았으며, 여러 차례 발굴 조사에 참여한 적도 있었지요.
 구스타프 황태자는 옷도 갈아입지 않고, 양복 차림으로 곧바로 발굴 현장에 뛰어들었어요. 얼마 후, '아!' 하는 작은 탄성이 사람들의 입에서 터져 나왔어요. 2년 전 고이즈미가 발굴한 금령총 금관보다 훨씬 큰 금관이 노란빛을 띠며 흙 속에 묻혀 있었거든요. 구스타프는 직접 금관을 들어내어 작은 나무 상자에 넣은 다음 경주 박물관으로 가지고 갔어요.

일본인들은 금관이 발굴된 이곳 노서동 129호분을 서봉총이라고 이름 지었어요. 좀 생소한 이름이지요?

스웨덴의 황태자가 발굴에 참여한 사실을 기념하고, 여기서 출토된 금관에 세 마리의 봉황이 장식되어 있는 점을 특징으로 삼아 이름을 정한 것이지요. 당시 스웨덴은 한자로 서전(瑞典)이라고 썼는데, 서전의 '서' 자와 봉황의 '봉' 자를 따서 이름 지었다고 해요.

남분은 데이비드총이라 불려

이쯤에서 쌍둥이 고분 중 남쪽에 있는 고분의 발굴은 어떻게 되었는지 궁금하지요?

남분은 북분인 서봉총이 발굴되고 나서 3년 후인 1929년 다시 발굴이 시작되었어요. 영국 귀족 퍼시벌 데이비드 경이 일본 돈 3천 엔의 자금을 지원한 결과이지요. 데이비드의 할아버지는 영국령인 인도로 건너가서 면사 사업으로 큰돈을 벌었어요. 때마침 중국에 있던 데이비드는 서봉총 발굴 이야기를 전해 듣고 남쪽 고분 발굴에 자금을 댄 것이지요.

그래서 남분은 데이비드총이라고 이름 붙였어요. 남분은 데이비드가 직접 발굴 작업에 참여했지만 이렇다 할 유물이 나오지 않았어요. 금제 귀고리 2개, 팔찌 4개, 반지 5개, 황색 및 흑색 유리구슬 등이 나왔을 뿐이지요.

유물 속으로

서봉총 금관의 비밀을 찾아서

서봉총은 고분의 규모와 출토된 유물로 보아 신라의 왕비나 왕비에 버금가는 최고 지배층 여성의 무덤일 것으로 추측돼요. 이 무덤에서 금관이 나

옴에 따라 여성도 금관을 착용하였다는 사실을 새롭게 알게 되었지요.

신라 금관은 모두 6점이 발견되었는데, 서봉총 금관은 금관총, 금령총에 이어 세 번째로 발굴되었어요. 그리고 황남대총이나 금관총 등 다른 고분에서 출토된 금관과 모습이 거의 비슷했어요.

그럼, 신라 금관은 어떻게 만들어졌는지 살펴볼까요?

신라의 기술자들은 먼저 금을 불에 달구어 두드려서 납작하게 펴서 두께가 1밀리미터도 안 되는 금판을 만들었어요. 그런 다음 금판에서 머리에 쓰는 테두리와 산(山) 자 모양의 장식 세 개, 사슴뿔 장식 두 개, 동그란

유물 더 알아보기

최초로 발견된 금관은?

최초로 발견된 신라 금관은 경상북도 경주시 노서동에 있는 금관총에서 나왔어요. 금관총은 1921년 집터를 파던 중에 우연히 발견되었어요. 이곳에서는 금관뿐만 아니라 금제 허리띠, 금귀고리, 금팔찌, 금그릇, 유리잔 등 각종 호화로운 공예품들이 많이 쏟아져 나왔어요. 우리나라에서 가장 처음으로 금관이 발견되었기 때문에 이 무덤을 '금관총'이라 부르게 되었지요. 이 무덤이 만들어진 시기나 주인은 정확하게 밝혀지지 않았으나, 지증왕 전후 약 6세기쯤 만들어진 왕릉으로 추측하고 있어요.

▲ 금관총 금관

금관총 금관은 머리 테두리 위에 3개의 산(山) 자 모양의 장식과 2개의 사슴뿔 모양 장식을 붙여 세워 만든 전형적인 신라 금관의 모습을 하고 있어요. 산(山) 자 모양의 장식은 이후에 발견된 황남대총 북쪽 무덤이나 서봉총에서 나온 금관과 같이 3단으로 되어 있답니다.

◀ **금관 윗부분의 새 모양 장식**
서봉총 금관에는 다른 금관에 없는 봉황 장식이 있어요.

장식들을 오려 냈어요. 기술자들은 금을 마치 실처럼 뽑아내었어요. 이 금줄로 금관의 테두리 앞에 산(山) 자 모양의 장식을 붙이고, 뒤쪽에는 사슴뿔 장식을 붙여 세웠어요. 그런 다음 곳곳에 옥 장식과 동그란 금장식을 매달아 금관을 만들었지요. 그리고 머리 테두리 양쪽에는 굵은 고리에 드리개를 달아 늘어뜨려 호화롭게 꾸몄어요.

이런 기본 형태는 서봉총 금관이나 다른 금관이나 같아요. 하지만 서봉총 금관에는 다른 금관에는 없는 독특한 모양이 있어요. 그것은 바로 금관 안쪽에 너비 약 1센티미터의 길쭉하고 얇은 금판 2개를 십(十) 자로 교차시켜 모자 모양의 내관을 만든 점이에요. 내관의 교차점에는 세 가닥의 나뭇가지 모양을 얹어 세우고, 그 끝에 봉황으로 보이는 새 모양 장식 3개를 붙여 세웠어요. 이 봉황이 서봉총 금관의 특징이라 말할 수 있어요.

텔레비전 사극을 보면 신라 왕들이 금관을 쓰고 나오는 모습을 종종 볼 수 있어요. 왕과 왕비들은 평상시에도 금관을 썼을까요?

글쎄요, 금관의 무게를 재 보면 1킬로그램이 넘어요. 이렇게 무거운 금관을 매일 머리에 쓰고 다녔다면 아마 목이 아파서 견딜 수가 없었을 거예요. 게다가 금관을 쓰고 이리저리 움직였다면 아마도 두께가 1밀리미터도 되지 않는 금판이 수십 개의 굽은옥과 동그란 금장식의 무게를 견디지 못해 휘거나 꺾였을 게 분명해요.

그보다 더 분명한 건 고분에서 발견된 금관은 죽은 사람이 머리에 쓴 게 아니라 가면처럼 금관으로 얼굴을 덮고 있었다는 점이에요. 따라서 금관은 실생활에 쓰던 것이 아니라 장례나 제사 등 의식을 치를 때 사용했을 것으로 여겨져요.

서봉총 금관은 출토된 뒤, 서울의 총독부 박물관에 보관되었어요. 광복 후에도 국립 중앙 박물관에서 계속 전시해 오다가 1991년부터는 고향인 국립 경주 박물관에서 보관하고 있지요. 하지만 금관은 많이 훼손된 상태예요.

1926년 서봉총 출토 직후에 찍은

금관은 세계에서도 유래가 없을 만큼 아름답고 화려한 모습을 지니고 있어.

◀ **일제 때 수난을 겪은 서봉총 금관** 현재 국립 경주 박물관에서 보관하고 있어요.

금관 사진과 현재 유물을 비교해 보면 금관에 달려 있던 굽은옥이 떨어지고 내관이 엉뚱한 데 붙어 있어요. 'X선 형광 분석(XRF)'을 해 본 결과, 내관을 붙일 때 사용한 금실의 순도와 제작 방법도 차이가 났어요. 신라 때 사용되었던 금실은 순도가 17~19K이고, 나중에 만들어진 금실은 23~24K로 순도가 더 높았어요. 또한 신라 때에는 금실을 큰 구멍에서 작은 구멍으로 통과해 뽑아내어 늘여 빼낸 흔적이 남아 있는데, 나중에 만들어진 금실의 표면은 늘인 자국 없이 매끈했어요.

어쩌면 금관을 술자리의 장난감으로 삼다가 망가뜨린 것은 아닐까요? 게다가 서봉총 발굴 당시 조선 총독부 박물관은 정식 보고서를 내지 않아 어떤 유물이 어디서 나왔는지 알 수 없게 했어요. 이런 점들은 일제 때 우리의 소중한 문화재가 당한 수난을 상징적으로 보여 주고 있지요. 서봉총 금관을 더 세심하게 관찰, 연구하고 보수했으면 얼마나 좋았을까 하는 아쉬움이 남네요.

금관은 전 세계에 10여 개밖에 발견되지 않았다고 해요. 그중에서 8개가 우리나라에서 발견되었으며, 대부분이 신라 땅에서 발굴되었어요. 신라가 합병한 가야를 제외하고는 고구려나 백제뿐만 아니라 중국에서도 금관은 발견되지 않았지요. 이처럼 신라를 대표하는 보물로서 문화재 가치가 높고, 신라 시대의 뛰어난 금속 세공 기술과 예술성을 보여 주는 금관을 잘 지켜 후세에 물려주도록 노력해야겠어요.

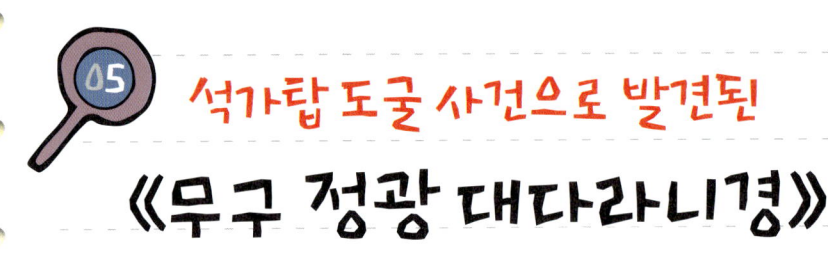

석가탑 도굴 사건으로 발견된
《무구 정광 대다라니경》

국보 제126호

역사의 한 장면

석가탑이 기울어진 까닭을 찾아라!

"뭐? 불국사 무영탑이 무너질 위기에 있다고?"

1966년 9월 8일, 〈동아일보〉 신문을 보던 시민들은 아래 기사를 보고 깜짝 놀랐어요.

"불국사 대웅전 오른쪽에 있는 국보 제21호 불국사 삼층 석탑인 석가탑이, 지난 8월 29일에 있었던 지진으로 심한 균열이 생기고 약 7도가량 서남쪽으로 기울어져 쓰러지기 직전에 있으며……."

이에 문화재 관리국은 즉시 조사단을 파견했어요. 그 결과 석가탑은 지진이 아니라 도굴범 때문에 기울어진 것으로 밝혀졌어요. 어떤 일이 있었는지 사건 현장으로 가 볼까요?

  1966년 9월 3일 밤, 도굴꾼들은 사리함을 훔치기 위해 불국사에 몰래 들어갔어요. 물건을 수직으로 들어 올리는 도구인 잭을 이용하여 석가탑 탑

석가탑의 부분 명칭

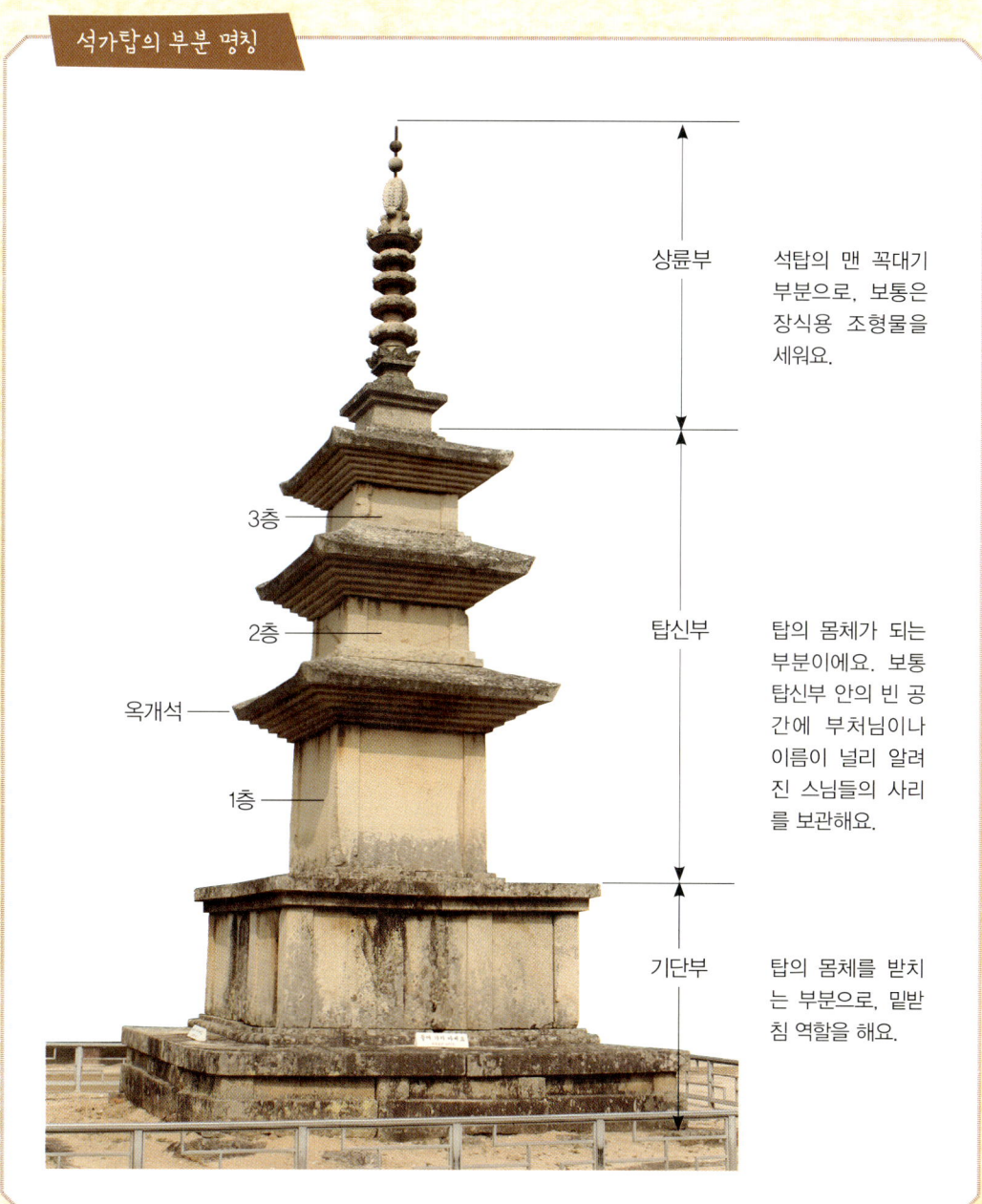

상륜부 — 석탑의 맨 꼭대기 부분으로, 보통은 장식용 조형물을 세워요.

3층
2층
옥개석
1층

탑신부 — 탑의 몸체가 되는 부분이에요. 보통 탑신부 안의 빈 공간에 부처님이나 이름이 널리 알려진 스님들의 사리를 보관해요.

기단부 — 탑의 몸체를 받치는 부분으로, 밑받침 역할을 해요.

53

신부 1층 옥개석을 들어 올렸지만, 그곳에는 아무것도 없었어요.

이틀 뒤, 도굴꾼들은 다시 탑신부 3층 옥개석을 들어 올렸어요. 그러나 그마저도 헛수고였지요. 실망한 도굴꾼들은 옥개석을 대충 덮어 놓고 불국사를 빠져나왔어요.

다음 날, 불국사 스님은 석가탑의 몸체를 이루는 돌인 탑신이 뒤틀린 것을 발견하고는 신고했어요. 조사를 한 결과, 도굴꾼의 소행임이 밝혀지자 경찰은 용의자를 물색하고 수사했어요. 그 과정에서 전혀 예상치 못한 사실을 알아냈어요.

한 용의자가 자신이 도굴한 구슬 300여 점과 비취 9개를 삼성 그룹 이병철 회장의 형 이병각에게 팔았다고 진술한 거예요. 세상에 이럴 수가! 재벌가에서 도굴된 문화재를 사다니 정말 믿을 수 없는 사실이었지요.

그뿐만이 아니었어요. 이병각은 붙잡힌 석가탑 도굴범들이 그해 3월 초 경주 남산사 절터를 도굴해서 얻은 통일 신라 시대 순금 불상 2점도 사들였어요. 경찰은 즉각 이병각의 집을 수색해서 도난당한 총 11종 226점의 문화재를 압수했고, 이병각은 구속되어 재판을 받았어요.

보물은 어디에 있었을까요?

과연 석가탑 안에는 도굴꾼이 그토록 애타게 찾던 사리함이 있었을까요? 답을 알기 전에 우선 석가탑을 살펴보기로 해요.

석가탑은 불국사 대웅전 앞마당에 동서로 마주 서 있는 두 석탑 가운데 서쪽에 있는 탑이에요. 동쪽 탑은 우리들이 잘 알고 있는 다보탑이고요.

석가탑은 맨 아래에 기단부, 그다음에 탑신부, 그리고 맨 위의 상륜부로

▲ **불국사 석가탑에서 출토된 사리장엄구** 사리장엄구란 불탑에 사리를 봉안하는 데 쓰는 공예품 일체를 말해요. 석가탑에서는 청동 사리 외함, 사리를 담는 은제 사리함, 각종 구슬 등이 나왔어요.

되어 있어요. 탑신부를 구성하는 몸돌을 탑신, 그 위에 지붕으로 덮는 돌을 옥개석이라고 해요.

석가탑은 탑신과 옥개석이 3개씩인 3층 석탑이에요. 정식 명칭은 '불국사 삼층 석탑'이고, 국보 제21호로 지정되어 있지요.

석가탑은 무영탑이라고도 불리는데, 백제의 석공 아사달과 부인 아사녀의 슬픈 전설이 담겨 있어요.

아사달이 신라에 와서 석가탑을 만들고 있을 때 아사녀가 멀리 백제에서 남편을 찾아왔어요. 하지만 주지 스님의 방해로 만나지 못했어요. 아사녀는 영지라는 연못에 탑이 비치면 남편을 만날 수 있다는 주지 스님의 말만 믿고 기다렸지만 탑은 보이지 않았어요. 기다림에 지친 아사녀는 결국 연못에 빠져 죽고 말았어요. 그때 연못에 그림자가 비친 다보탑은 유영탑, 그림자가 비치지 않은 석가탑은 무영탑이라 부르게 되었다고 해요.

자, 이제 석가탑이 도굴되었던 그때로 다시 돌아가 볼까요?

문화재 당국은 도굴 때문에 기울어진 석가탑을 해체한 뒤 다시 세우기로 결정했어요. 스님들의 독경 소리가 울려 퍼지는 가운데 석가탑 해체가 시작되었지요.

3층 탑신이 해체되고, 2층 옥개석을 해체했을 때였어요.

"와, 여기에 사리함과 유물이 들어 있다!"

해체를 담당하던 기술자가 소리쳤어요.

1,000여 년 동안 비밀을 간직해 온 석가탑 2층 탑신 속에는 경전뿐만 아니라 청동 사리 외함, 금동 사리함, 달걀 모양의 은제 사리함, 사리 소병 등 아름답고 귀중한 유물들이 들어 있었어요. 도굴꾼들이 찾던 유물이 1층도 3층도 아닌 2층에 있었다니, 얼마나 다행한 일인가요?

불국사 스님들과 구경꾼들은 모두 기쁨의 탄성을 질렀어요. 그러나 그것도 잠시! 갑자기 '쾅' 하는 굉음이 들려왔어요.

기중기 역할을 하던 썩은 전봇대가 부러지면서 거기에 매달려 있던 2층 옥개석이 떨어져 땅에 놓여 있던 3층 탑신을 덮친 것이에요. 그래서 옥개석과 탑신이 깨지고 말았지요.

사고는 그뿐만이 아니었어요. 유물을 옮기다가 부처님의 사리를 담은 유리병이 산산조각 났어요. 좁쌀 크기의 사리는 유리병 파편과 뒤섞여 버렸지요.

이렇게 석가탑은 많은 우여곡절을 겪고 해체 74일 만에 겨우 복원되었어요. 스님들이 지켜보는 가운데 사리는 다시 탑 속에 봉안되었지요.

그 후 석가탑은 2012년 9월에 다시 한 번 복원 작업이 시작되어, 2016년 5월 원형에 가까운 모습을 되찾게 되었지요.

유물 속으로

세계에서 가장 오래된 목판 인쇄물,《무구 정광 대다라니경》

석가탑에서 나온 경전은 바로 《무구 정광 대다라니경》이었어요. 부처님의 말씀을 적어 목판으로 인쇄한 경전이지요. 그런데 경전을 탑 안에 넣은 까닭은 무엇일까요? 결론부터 말하자면 사람들은 경전에 주술적인 힘이 있다고 믿었기 때문이에요.

《무구 정광 대다라니경》의 이름을 살펴보면, '다라니'는 '주문'을 뜻하는데, 주문에는 신비한 힘이 있다고 믿었어요. 그리고 '무구 정광'은 '한없이 맑고 깨끗하다'는 뜻이지요. 따라서 신라 사람들은 이 경전을 탑 안에 모셔 두면 무병장수하고 재앙을 막을 수 있다고 믿었던 것이지요.

《무구 정광 대다라니경》은 두루마리로 되어 있어요. 폭은 8센티미터, 길이는 620센티미터나 되지요.

왜 두루마리로 되어 있냐고요?

당시에는 제본하는 기술이 없어서 책을 이렇게 두루마리 형태로 만들었어요. 이 책에 쓰인 종이는 닥나무로 만들었는데, 우리나라 고유의 종이인 닥종이는 공기 중의 산소와 쉽게 결합하지 않기 때문에 책을 오래 보존할 수 있어요. 이 경전은 12장의 종이를 이어 붙여 만들었는데, 한 장에는 62줄이 있고, 각 줄에는 대체로 여덟 글자가 들어 있었어요.

발굴 당시에는 비로 인한 습기 때문에 썩은 부분이 많고, 벌레 먹은 부분도 많았어요. 심한 산화 작용으로 부스러지고 조각나서 책머리의 경전

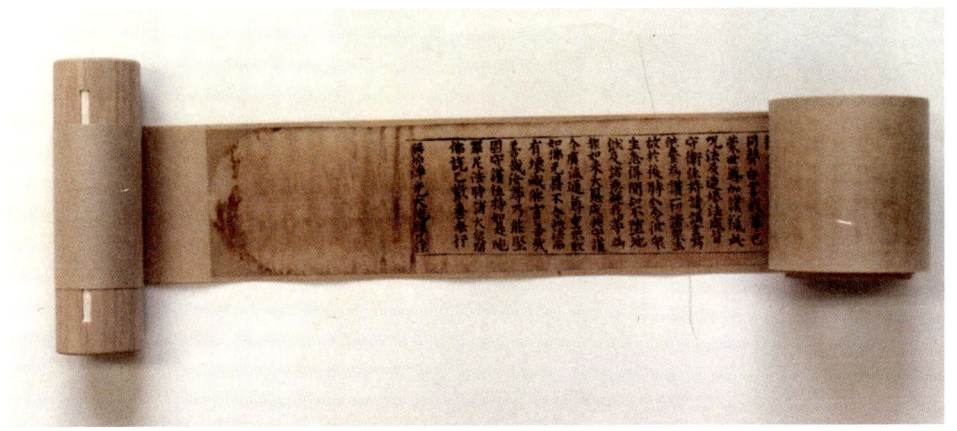

▲ 불국사 석가탑에서 출토된 《무구 정광 대다라니경》

이름과 경전을 한자로 번역한 사람의 이름, 본문 11항의 내용이 완전히 없어졌을 뿐만 아니라 본문의 여러 곳에 글자가 없어졌지요.

《무구 정광 대다라니경》은 국립 중앙 박물관이 보관하여 특별 관리해 왔으나 20여 년이 지난 무렵에는 아예 손을 댈 수 없는 상태가 되었어요. 그래서 1988년 9월부터 이듬해 5월까지 9개월간 대대적인 보수 작업을 하여 본모습을 되찾았지요.

《무구 정광 대다라니경》은 751년경에 만들어졌으며, 세계에서 가장 오래된 목판 인쇄본으로 밝혀졌어요. 경전에 있는 글자 중에는 중국 당나라 측천무후(재위 684~705)가 집권했을 당시에만 썼던 글자들이 발견되어 이를 뒷받침해 주지요.

이 경전이 발견되기 전에는 770년에 간행된 일본의 《백만 탑다라니》가 세계에서 가장 오래된 인쇄본으로 여겨졌어요. 하지만 《무구 정광 대다라니경》은 일본 경전을 20년 이상 앞선, 세계에서 가장 오래된 목판 인쇄물이지요.

하루 만에 발굴을 끝낸 무령왕릉과 지석

국보 제163호

역사의 한 장면

우연히 발견한 무령왕릉

충청남도 공주시 금성동에 가면 커다란 무덤들이 모여 있는 걸 볼 수 있어요. 백제가 웅진(지금의 공주)으로 도읍을 옮긴 뒤에 만들어진 왕과 귀족들의 무덤이지요. 사람들은 이곳을 송산리 고분군이라고 해요.

왜 '송산리 고분군'이냐고요? 무덤이 발견될 당시 행정 구역이 공주읍 송산리에 속해 있었기 때문에 '송산리 고분군'으로 부르게 되었어요. 이곳은 유네스코 세계 문화유산으로 지정되어 있답니다.

무령왕릉이 발견되기 이전, 송산리 일대에는 일제 때 발굴된 무덤 6기가 알려져 있었는데, 안타깝게도 모두 무덤의 주인을 알 수가 없었어요.

송산리 고분군 1호분부터 5호분까지는 무덤 양식이 굴식 돌방무덤이에요. 시신을 넣은 나무 관이 있는 방(널방)을 돌로 쌓아 만든 뒤, 방의 한

▲ 공주 송산리 고분군에 있는 무령왕릉 입구

쪽에 외부로 통하는 통로를 만들고 나서 그 위에 흙을 덮어 씌운 무덤이지요.

6호분은 벽화 무덤이에요. 벽돌로 널방을 만든 뒤 청룡, 백호, 주작, 현무의 사신도와 해와 달, 별들을 그려 넣었지요.

그런데 장마철이 되면 뒤편 언덕에서 5호분과 6호분으로 빗물이 흘러내렸어요. 무덤에 물이 차면 습기에 약한 벽화가 지워질까 봐 염려가 되었지요. 그래서 배수 작업이 시급했어요.

1971년 7월 초, 인부들은 배수로를 파기 위해 6호분 뒤편 언덕에서 땅을 파고 있었어요. 그런데 한 인부의 삽 끝에 뭔가 딱딱한 것이 걸렸어요. 고분군에서 전해지는 딱딱한 바닥! 뭔가 느낌이 오지요? 맞아요, 새로운 무덤이 발견되는 순간이었어요.

국립 중앙 박물관장 김원룡을 단장으로 하는 발굴단이 급히 공주로 내려왔어요. 발굴단이 벽돌로 단단하게 막은 입구를 찾아내어 첫 번째 벽돌을 뜯어내는 순간, 속에서 한줄기 찬바람이 훅 뿜어져 나왔어요. 1,500년의 침묵을 깨고 무덤이 세상에 모습을 드러낸 것이지요.

무덤 입구를 지나서 시신이 묻혀 있는 방으로 가는 복도에는 항아리가 뒹굴고 있고 돌짐승 한 마리가 지석 두 장을 앞에 놓고 두 눈을 부릅뜨고 있었어요. 마치 지석을 지키려고 하는 듯했어요.

지석을 살펴보던 발굴단은 깜짝 놀라고 말았어요. 지석 첫머리에 '영동 대장군 백제 사마왕'이란 글자가 새겨져 있었기 때문이지요. 이 무덤은 바로 백제 25대 임금 무령왕의 무덤이었어요. 이 사실이 알려지자 삽시간에 구경

 꾼들과 신문 기자들이 구름 떼처럼 몰려들었어요. 발굴단은 사람들이 더 모여들기 전에 철야 작업을 해서라도 발굴을 끝내기로 합의했어요. 정말 어이없는 결정이었지요.

 발굴단은 신문 기자들의 재촉에 마지못해 한 신문사마다 2분씩 무덤 안의 모습을 사진 찍을 수 있게 허락했어요. 그때 한 기자는 귀중한 문화재인 숟가락을 밟아 부러뜨리는 실수를 저질렀지요.

 날이 점점 어두워지자 급히 발전기를 돌렸어요. 발굴단은 전등 아래에서 썩어 내려앉은 나무 관 조각들을 무명천에 하나하나 조심스럽게 쌌어요. 나무 관 조각을 들어내고 보니, 벽돌 틈으로 들어온 나무뿌리들이 수세미

벽의 앞쪽과 옆쪽에 보이는 불꽃 모양의 홈은 내부를 밝힐 때 등잔을 올려놓는 자리야.

▲ **무령왕릉 내부** 연꽃무늬 벽돌을 쌓아 만든 무덤이에요.

처럼 바닥을 덮고 있었고, 그 사이사이에 구슬과 금장식들이 흩어져 있었어요. 발굴단은 어두운 데서 메모를 하고 약도를 그린 뒤, 유물을 꺼내 천으로 감쌌어요.

  작업은 다음 날 오전에 끝이 났어요. 몇 달이나 몇 년에 걸쳐 해야 할 발굴을 겨우 17시간 만에 끝낸 것이지요. 오랜 시간이 걸리더라도 철조망을 치고, 충분한 장비를 갖춘 뒤 천천히 발굴해야 했어요. 조심스럽게 유물을 다뤄야 했으며, 유물이 있었던 곳을 일일이 꼼꼼하게 기록으로 남겨야 했어요. 그런데 하루 만에 발굴을 끝내다니······.

한국 고고학계 최고의 발굴이자 최악의 발굴로 기록되는 무령왕릉에서 108종류 2,906점에 달하는 유물이 수습되었으며, 국보로 지정된 것만도 12점이나 되었어요.

유물 속으로

어떻게 왕릉의 주인을 알 수 있어요?

자, 이제 무덤에서 발굴된 지석을 살펴볼까요? 지석에는 다음과 같은 글이 새겨져 있었어요.

> "영동 대장군 백제 사마왕이 62세 되는 계묘년 5월 7일 임진날에 돌아가셨다. 을사년 8월 12일 갑진날에 이르러 대묘에 예를 갖추어 안장하고 이와 같이 기록한다."

'영동 대장군'은 무령왕이 중국 양나라 고조로부터 받은 벼슬 이름이에요. 그런데 왜 무령왕이 아니라 사마왕이냐고요? 사마는 무령왕이 살아 있을 때 불리던 이름이에요. '무령왕', '진흥왕', '광개토 대왕'처럼 우리가 잘 알고 있는 왕들의 이름은 왕이 죽은 후에 신하들이 왕의 업적을 평가하여 붙인 이름이에요.

그러고 보니, 지석은 무덤의 주인이 누구이고, 몇 살이며, 언제 죽고, 언제 묻혔는지 적혀 있는 돌이네요. 삼국 시대나 통일 신라 시대 때 왕의 무덤에서 지석이 나온 것은 무령왕릉이 처음이에요.

무령왕은 나라 안으로는 정권을 안정시키고 경제를 일으켰으며, 밖으로는 중국 양나라나 일본과의 교류를 통해 백제를 강하게 만든 왕이에요. 중국 《양서》에는 '무령왕 대에 백제가 다시 강국이 되었다.'고 쓰여 있어요.

무령왕 때 백제가 강한 힘을 가졌으며 나라가 번성했다는 것은 무령왕릉에서 나온 수많은 유물만 봐도 알 수 있지요.

무령왕릉에는 지석이 두 장 놓여 있었어요. 하나는 왕, 또 하나는 왕비의 것이지요. 왕의 지석에는 '무령왕은 523년 5월에 사망하여 525년 8월 왕릉에 묻혔다.'고 쓰여 있어요. 왕비의 지석 앞면에는 '왕이 죽은 지 3년 뒤에 왕비가 죽어 이곳에 합장했다.'는 내용이 있어요. 그리고 뒷면에는 '1만 문의 돈으로 토지를 사서 무덤을 만든다.'고 쓰여 있어요.

이 지석이 발견됨으로써 그동안 베일에 싸여 있던 백제의 매장 풍습이 밝혀졌어요. 백제에서는 왕과 왕비를 2년 3개월 동안 가매장한 뒤에 정식 왕릉으로 옮겼으며, 땅을 지키는 신한테 묫자리를 돈으로 사는 풍습이 있었다는 걸 알 수 있었어요. 지석 위에 놓여 있던 오수전 꾸러미가 바로 토지신에게 무덤 자리를 산 값이었어요. 오수전은 중국 양나라에서 사용했던 동전이에요.

◀ **무령왕릉에서 나온 지석(국보 제163호)**
발굴 당시 관 앞에는 무령왕과 왕비의 묘임을 밝히는 지석이 두 장 놓여 있었어요.

◀ 무령왕릉에서 출토된 진묘수
왕의 무덤을 지키는 상징적인 동물이에요.

얼핏 보면 귀엽기도 하고, 좀 둔해 보이기도 하는데, 머리에 달린 쇠 뿔이 무서워.

백제의 보물 창고, 무령왕릉

앞에서 지석 뒤에 눈을 부릅뜨고 서 있는 돌짐승에 대해 말한 적이 있지요? 이 돌짐승은 무엇이냐고요? 툭 튀어나온 두 눈에 살짝 벌린 입, 뭉툭한 코, 통통한 몸과 짤막한 다리가 얼핏 보면 귀엽기도 하네요. 하지만 온몸에 붉은 칠을 하고, 머리에 난 철로 만든 뿔을 보니 살짝 무서운 느낌도 드네요. 이 돌짐승은 진묘수라고 해요. 왕과 왕비의 무덤을 지키는 상징적인 동물이에요. 도굴꾼이나 나쁜 귀신이 들어오는 것을 막는 무덤 지킴이인 셈이지요.

진묘수를 지나 널방 안으로 들어가면, 받침대 위에 두 개의 나무 관이 나란히 놓여 있어요. 무령왕의 관은 오른쪽에, 왕비의 관은 왼쪽에 있어요. 오랜 세월이 지나서 부스러진 나무 관 밑에는 각각 왕과 왕비가 사용했던 장신구와 유물들이 흩어져 있었어요.

무령왕릉에서 출토된 유물을 살펴볼까요?

우선 화려하고 아름다운 인동 당초무늬와 불꽃무늬의 관 꾸미개 두 쌍

◀ **관 꾸미개** 무령왕릉 안에서 무령왕(왼쪽)과 왕비(오른쪽)의 관 꾸미개가 각각 한 쌍씩 나왔어요.

이 눈에 띄네요. 각각 왕과 왕비의 것으로, 모자의 앞뒤나 양옆에 달았던 것으로 여겨져요. 금제 뒤꽂이는 왕의 것으로 보이는데, 전체적인 모양은 새가 날개를 펴고 있는 모습이며, 아래쪽에 세 갈래 꽂이가 있어요.

그 밖에도 왕과 왕비의 귀고리, 금동 신발, 금팔찌, 유리구슬을 꿰어 만든 목걸이, 왕의 허리띠가 있어요. 그리고 왕과 왕비가 편하게 머리와 발을 괼 수 있도록 머리 받침대와 발 받침대가 놓여 있었지요.

무덤 안에 있는 보물도 보물이지만 무령왕릉은 무덤 자체도 건축적으로나 예술적으로 매우 중요한 가치를 지녀요.

무령왕릉은 기존의 백제 무덤들과는 다른 방식으로 만들어져 있어요. 백제 무덤은 초기에는 고구려의 영향을 받은 계단식 돌무지무덤이었어요. 시신과 유품 위에 크고 작은 돌을 쌓아 무덤을 만든 것이지요. 그 후 돌을 쌓아 방을 만들고 그 위에 흙을 덮는 굴식 돌방무덤으로 바뀌었어요.

하지만 무령왕릉은 연꽃무늬 벽돌을 가로 쌓기와 세로 쌓기를 반복하여 벽을 올리고, 둥근 지붕으로 화려하고 세련된 방을 만들었어요. 그리고 그 위에 흙을 덮었지요. 이와 같은 벽돌무덤은 주로 중국 남조의 무덤 양식을 본뜬 것이에요.

◀ 무령왕 금제 뒤꽂이

왕과 왕비의 시신이 담긴 관은 '금송'이라는 나무로 짰어요. 금송은 일본 규슈 지역에서만 자라는 독특한 나무예요. 금송은 목질이 매우 단단하고 습기에 강하여 관에 쓰이는 최고의 나무로서 일본에서도 지배 계층만 사용하였다고 해요.

무령왕릉에서 유물 108종류, 2,906점이 나왔다고 하니, 백제의 보물창고라고 부를 만하네.

이렇게 무덤 양식과 관의 재료만 보더라도 백제는 바다를 통해 중국이나 일본과 활발히 교류했던 해상 왕국이었음을 알 수 있어요. 또한 무령왕릉에서 발굴된 수많은 유물을 통해 왕권이 강력했을 뿐만 아니라, 금 세공 기술이나 구슬 세공 기술, 무덤을 쌓는 건축 기술이 매우 발달했었다는 걸 알 수 있어요.

1,400년의 세월 동안 잠자고 있던
백제 금동 대향로

국보 제287호

역사의 한 장면

왕실의 사찰터에서 발견된 금동 대향로

부여에는 백제 시대 왕들의 무덤인 능산리 고분군이 있어요. 앞에서 백제의 무령왕릉은 공주에 있는 송산리 고분군에 있다고 배웠지요? 어째서 백제 왕들의 무덤은 나뉘어 있을까요? 그것을 알기 위해 백제의 역사를 잠깐 들여다볼까요?

백제는 주몽의 아들인 온조가 한강 유역인 위례성에 도읍을 정하고 세운 나라예요. 제8대 임금인 근초고왕은 마한을 정복해서 전라도 지역을 차지한 뒤, 고구려의 평양성까지 쳐들어갔어요. 이 과정에서 고구려의 고국원왕은 백제군과 싸우다가 화살을 맞고 죽었어요.

100여 년 후, 고구려의 반격이 시작되었어요. 고구려의 장수왕이 군사를 이끌고 백제에 쳐들어와 한성을 차지했어요. 백제는 고구려군의 공격을 피

▲ **백제 문화 단지에 재현된 능사의 모습** 백제 위덕왕이 성왕의 명복을 빌기 위해 창건했던 능산리 사지에 있던 사찰을 고증을 통해 복원해 놓았어요.

해 도읍을 웅진(지금의 공주)으로 옮겼다가, 제26대 임금인 성왕 때 다시 사비(지금의 부여)로 옮겨 부흥을 꾀했어요. 하지만 백제는 신라와 당나라 연합군에게 패해 안타깝게도 멸망하고 말았어요.

이렇게 백제는 두 번이나 도읍을 옮긴 까닭에 고분군도 나뉘어 있지요.

이제, 백제 금동 대향로가 발굴된 현장으로 가 볼까요?

능산리 고분군과 부여 나성 사이의 계곡에는 계단식 논밭이 있었어요. 그곳에서 종종 백제의 연꽃무늬 기왓장 조각이 여러 점 발견되곤 하였지요. 문화재 관리국은 그곳이 어쩌면 백제 시대 중요한 건물이 있던 곳일지도 모른다고 여겼어요. 그래서 주변의 논밭 3,000여 평을 사들여 조사를 시작했어요.

그 결과 건물터로 보이는 주춧돌과 기와를 비롯해 많은 토기가 나왔어요. 그곳은 바로 왕실의 절터였어요. 절의 이름이 밝혀지지 않아 훗날 능산리 사지라고 불리게 되었지요.

　1993년 겨울, 조사단은 물건을 만들던 장소로 보이는 공방터를 발굴하고 있었어요. 그중 한 구덩이는 공방에 필요한 물을 저장하는 수조 같았어요. 수조 안은 물을 먹은 황갈색 점토로 꽉 차 있었지요. 흙을 제거해 나가자 기와 조각과 각종 금동 제품, 토기 조각, 옥으로 만든 유물 등이 나왔어요. 그리고 그 밑에는 아주 귀해 보이는 보물이 누워 있었지요. 바로 백제 금동 대향로가 뚜껑과 몸체가 분리된 채 묻혀 있었던 거예요.

　한 발굴 단원은 그날의 일을 다음과 같이 회상했어요.

"최초 발견 시간은 오후 세 시가 지나서였어요. 진흙 속에서 살짝 보이는 금동 부분은 마치 사자가 새끼에게 젖을 먹이는 듯한 모습의 조각이었어요. 우리는 부처님의 머리 부분이 아닌가 생각했지요. 조금 더 파 보고 나서야 향로라는 걸 알았어요. 그때가 네 시 반쯤이었을 겁니다."

　오후 늦게 향로가 묻혀 있다는 소식이 부여 박물관장에게 보고되었어요. 날이 어두웠지만 발굴단은 발굴을 계속하기로 결정했어요. 대부분의 발굴 단원이 퇴근한 뒤였어요. 하지만 중요한 유물이 나왔다는 정보가 언제 어디로 새어 나갈지 몰라서 도굴의 위험을 감수하느니 조금 무리를 해서라도 그날 밤에 발굴을 끝내는 게 낫다고 생각한 것이지요.

　남아 있던 몇몇 발굴 단원은 12월의 추위 속에서 믹스 커피 한 봉을 종이컵에 타서 마시고는 랜턴을 비추며 작업을 계속했어요.

　맨손으로 유물 옆에 있는 진흙을 파내면 그 자리에 물이 괴어 나오곤 했

▲ **백제 창왕명 석조 사리감** 사리감 양옆에 새겨진 글씨 덕분에 567년에 위덕왕이 세운 절이란 걸 알 수 있어요.

사리감의 발견으로 언제 누가 절을 세웠는지 알게 되었고 백제 금동 대향로를 만든 까닭도 추측할 수 있게 되었지.

어요. 그러면 아까 마신 종이컵으로 얼음장처럼 차가운 물을 퍼내야 했어요. 이런 작업은 한참 동안 계속되었어요.

"와, 드디어 작업 끝!"

사람들의 외침과 함께 마침내 향로가 모습을 드러냈어요. 공기가 통하지 않는 진흙 속에 묻혀 있어서 그런지 어느 곳 하나 부서지거나 녹슬지 않았어요. 1,400여 년 동안 땅속에 묻혀 있었다는 게 믿기지 않을 정도로 형태가 잘 보존되어 있었지요.

위덕왕, 성왕을 기리기 위해 절을 세우다

백제 금동 대향로가 발굴되고 나서 3년 후, 이 절을 누가 언제 세웠는지 그 비밀이 밝혀졌어요. 왜냐하면 이곳 절터에서 백제 창왕명 석조 사리감(국보 제288호)이 발견되었기 때문이지요. 사리감은 사리 용기를 보관하는 방을 말해요. 발굴 당시 사리감 안에는 사리가 남아 있지 않았어요. 하지만 사리감 양쪽에 글자가 새겨져 있었지요.

"이 사리감은 성왕의 아들로 554년 왕위에 오른 창왕(위덕왕)이 567년에 만들었으며, 성왕의 따님이자 창왕의 여형제인 공주가 사리를 공양하였다."

백제 위덕왕이 왕위에 오른 지 13년이 되던 해인 567년에 능을 지키기 위해 이 절을 세웠다는 내용이에요.

그럼, 위덕왕이 절을 세운 까닭은 무엇일까요?

위덕왕의 아버지는 성왕이에요. 성왕은 중국 남조와 교류하고 일본에 불교를 전하는 등 백제 문화의 절정기를 이룬 왕이지요.

538년, 성왕은 백제의 수도를 웅진(공주)에서 사비(부여)로 옮기고, 백제를 강한 나라로 만들고자 나라 이름을 남부여로 바꾸었어요.

551년, 성왕은 개로왕 때 빼앗긴 한성 지역을 되찾기 위해 신라 진흥왕과 함께 고구려를 공격하여 승리를 이끌었어요. 그래서 백제는 한강 하류 지역을 차지하고, 신라는 한강 상류 지역을 차지했지요. 그러나 553년 진흥왕이 동맹의 약속을 어기고, 고구려와 함께 백제를 공격해 오자 한강 하류 지역을 신라에 내주어야 했어요.

화가 난 성왕은 554년 태자(훗날 위덕왕)에게 군사를 내주고 신라의 관산성(충북 옥천)을 공격하게 했어요. 처음에는 백제군이 우세하여 거의 신라군을 전멸시킬 지경에 이르렀지요. 성왕은 무척 기뻐하며 태자를 격려하러 관산성을 향해 떠났어요. 하지만 안타깝게도 매복해 있던 신라군에게 사로잡혀 목숨을 잃고 말았어요.

태자가 성왕의 뒤를 이어 백제 제27대 왕으로 즉위하였어요. 위덕왕은 고국으로 돌아온 성왕의 시신을 능산리에 묻었어요. 그리고 성왕의 위업을 기리고 복을 빌기 위해 부여 능산리 왕릉 묘역에 왕실 사찰을 세웠지요. 그리고 백제의 가장 아름다운 문화재의 하나인 백제 금동 대향로도 이즈음에 만들어졌을 것이라고 추측하고 있지요.

유물 속으로

화려하고 섬세함이 돋보이는 백제 금동 대향로

향은 원래 고온 다습한 인도에서 악취를 없애고 습기를 제거하기 위해 많이 피웠어요. 나쁜 냄새를 없애 주는 향은 마음의 때를 말끔히 씻어 준다는 의미가 더해져 부처님을 모시는 법당에서 사용되었어요. 그리고 향로는 향을 피우는 데 쓰는 도구예요.

백제 금동 대향로도 능산리에 있던 절에서 향을 피울 때 사용하였어요. 하지만 백제 금동 대향로는 보통 향로가 아니에요. 우선 일반 향로보다 훨씬 커요. 일반 향로의 높이가 20센티미터가량인 데 비해 백제 금동 대향로는 높이가 64센티미터, 지름이 20센티미터나 되지요. 그래서 동아시아 향로 가운데 가장 크다고 해요.

또, 백제 금동 대향로에는 빈 공간이

◀ 충남 부여군 부여읍 능산리 사지에서 출토된 백제 금동 대향로

▲ 향로 뚜껑 꼭대기에 있는 봉황　▲ 섬세하게 조각되어 있는 향로 뚜껑

하나도 없을 정도로 빼곡히 조각되어 있어요. 그 정교함과 화려함은 백제 문화재 가운데 최고의 걸작품으로 꼽히지요.

그럼, 백제 금동 대향로의 아름다움을 속속들이 파헤쳐 볼까요? 백제 금동 대향로를 보면 맨 먼저 타원형의 연꽃 봉오리가 가장 먼저 눈에 띄어요. 연꽃 봉오리 가운데에 있는, 넝쿨무늬가 새겨진 두 줄 띠 사이로 향로가 열리는데 윗부분은 향로의 뚜껑, 아랫부분은 향을 담는 향로의 몸체 부분이에요.

우선 향로 뚜껑 맨 꼭대기부터 살펴볼까요? 봉황 한 마리가 턱밑에 여의주를 끼고 두 날개를 활짝 편 채 긴 꼬리를 휘날리며 서 있어요.

봉황 아래쪽에는 산봉우리들이 굽이굽이 솟아 있어요. 나무 여섯 그루와 바위, 폭포, 시냇물 등 열두 군데의 자연이 조각되어 있고, 그 사이사이에 봉황, 용 같은 상상의 동물들과 사슴, 멧돼지, 호랑이, 코끼리, 원숭이 등 수많은 동물들이 새겨져 있어요. 악기를 연주하는 다섯 명의 악사들과 명상에 잠긴 신선, 사냥을 하는 신선 등 다양한 모습의 신선들도 보여요.

향로 뚜껑에는 곳곳에 12개의 구멍이 나 있는데, 향을 피우고 나서 뚜껑을 덮어 놓아도 연기가 밖으로 새어 나오도록 되어 있어요.

향로의 몸체 부분에는 연꽃잎이 3단으로 층을 이루고 있고, 그 사이사이에 신선과 날개가 달린 물고기, 사슴, 학 같은 동물이 새겨져 있어요.

그리고 맨 아래에 있는 향로 받침대에는 한쪽 다리를 치켜든 용이 연꽃 봉오리, 즉 향로 몸체와 뚜껑을 입으로 떠받치고 있어요.

이처럼 향로 속에는 용이 있는 물의 세계, 도교적인 세계 속의 인간과 신선, 봉황이 사는 하늘의 세계가 조화롭게 펼쳐져 있는데, 이것은 백제 공예품의 중요한 특징이라 할 수 있어요.

정교하고 섬세하게 만든 백제 금동 대향로 하나만 살펴보아도 백제의 뛰어난 공예 기술에 감탄하게 되고, 당시 백제 사람들의 생활 모습은 물론

▲ 연꽃무늬가 새겨져 있는 향로 몸체

▶ 용이 다리를 치켜들고 있는 향로 받침대

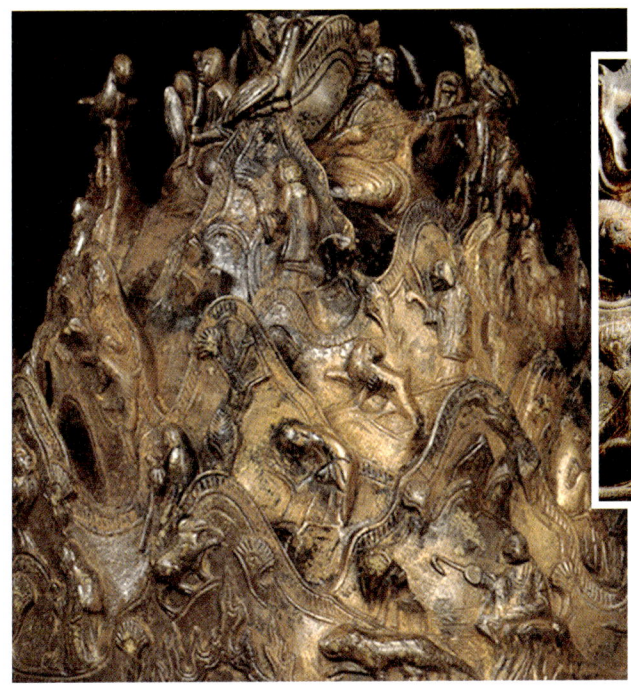

◀▲ **백제 금동 대향로 확대 부분**
맨 윗부분에 악사들(왼쪽)이 보이고, 원숭이를 비롯해 여러 동물들(오른쪽)도 보여요.

뛰어난 상상력과 정신 세계도 짐작할 수 있지요.

백제 금동 대향로가 발굴될 때의 장면을 다시 한 번 되돌아볼까요?

진흙 속에 묻혀 있던 향로 위로 기와 조각과 토기 조각들이 차곡차곡 쌓여 있던 걸 기억하나요? 그것으로 보아 아마도 누군가 이 향로를 일부러 묻은 게 아닌가 하는 생각이 드네요. 그날은 아마도 660년 나당 연합군에 의해서 백제가 멸망하던 날이 아니었을까요? 왕실 사찰에서 왕들에게 제사 지낼 때 피우던 향로는 백제 멸망의 순간, 수조 속에 자취를 감춘 채 1,400여 년의 세월을 잠자다가 오늘날 우리에게 그 아름다운 자태를 드러낸 것은 아닐까요?

신발 흙을 털다가 발견한
단양 신라 적성비

국보 제198호

역사의 한 장면

발 아래 있는 돌덩이의 비밀

1978년 1월, 단국 대학교 학술 조사단이 온달의 유적을 찾기 위해 충북 단양을 찾아왔어요. 온달 하면 생각나는 사람이 있지요? 맞아요, 바보 온달이에요. 온달은 평강 공주의 남편이자 고구려의 장군이에요. 이곳 단양은 온달 장군이 전사했다고 전해지는 곳으로, 온달 장군과 관련된 설화가 많이 있어요.

오후 2시쯤, 조사단은 단양 읍내에 있는 성재산에 올랐어요. 산길은 간밤에 내린 눈이 녹아서 걸을 때마다 질척질척 신발에 흙이 달라붙었어요.

"휴, 눈을 씻고 찾아봐도 유적은 보이지 않고, 바지랑 신발이 온통 흙투성이야."

조사단 한 명이 툴툴거리며 신발에 묻은 흙을 털려고 주위를 두리번거렸

▲ **단양에 있는 적성** 성재산 위에 돌을 쌓아 만든 산성으로, 단양 신라 적성비가 발견된 곳이에요.

어요. 그는 마침 솟아오른 돌부리 하나를 발견하고는 신발을 얹고 흙을 털려고 고개를 숙였어요. 그때 돌부리에 있는 구불구불한 글자가 눈에 띄었어요.

"이게 뭐지? 돌에 글씨가 있는 것 같아."

그 말에 조사단은 돌부리에 달려들어 숨을 죽이며 조심스레 흙을 털어 냈어요. 맨 먼저 눈에 띈 것은 '대(大)' 자였어요. 그다음에는 '아(阿)' 자와 '간(干)' 자도 보였어요.

오후 3시 30분, 성안에 흩어져 있던 조사 단원들이 모두 모여 본격적인 발굴 작업에 들어갔어요. 눈보라가 몰아쳤지만 조사단은 아랑곳하지 않고 야전삽으로 꽁꽁 언 땅을 부수고 맨손으로 흙을 긁어냈어요.

한참 뒤, 마침내 30센티미터 정도 깊이에 비스듬히 누워 있던 돌이 완전히 모습을 드러냈어요. 한 글자씩 확인될 때마다 환호성이 터져 나왔지요. 고대사 연구에 중요한, 깜짝 놀랄 만한 비석을 발견한 순간이었어요!

유물 속으로

윗부분이 잘려 나간 비석

이 비석은 단양에 있는 산성인 적성 안에서 발견되었다고 하여 단양 신라 적성비라고 불려요. 신라 진흥왕이 고구려 땅이었던 적성 일대를 차지하고 나서 이 지역 백성들을 위로하기 위해 세운 비석이지요.

그런 사실을 어떻게 알았냐고요? 비석에 새겨진 글자를 해독하면 돼요. 그러려면 우선 탁본을 떠야 해요. 탁본은 비석에 종이를 대고 솜뭉치에 먹을 묻혀 두드려서 글자를 찍어 내는 일이에요. 탁본 종이에 찍힌 글자를 풀이해 내면 당연히 비석의 내용을 알 수 있겠지요?

이처럼 돌에 새겨진 글자를 금석문이라고 해요. 돌에 새긴 글은 오랜 세월 동안 남아 있어 역사를 연구하는 데 중요한 자료가 되곤 해요.

그러면 본격적으로 단양 신라 적성비를 살펴볼까요?

비의 형태는 위는 넓고 두꺼우며, 밑으로 내려오면서 좁아지고 얇아진 모양이에요. 윗부분은 잘려 나갔으나 양쪽 측면은 잘 보존되어 있는데 가공하지 않은 자연석을 이용한 것으로 보여요. 글자는 곱고 판판한 화강암에 새겨져 있는데, 오랫동안 땅속에 묻혀 있던 덕분에 비석 면이 깨끗하고 글자들도 뚜렷하게 보였어요.

비석 아랫부분에는 비석을 꽂는 받침대가 있었던 것으로 보이지만 남아 있지 않았어요. 비문의 전체 글자는 440자 정도로 추정되는데, 그중 288자만 내용을 알 수 있었어요.

신라가 고구려 땅을 빼앗았다고요?

비석이 세워져 있던 적성은 해발 323미터의 성재산 정상부에 있는 산성이에요. 소백산맥에서 북동쪽으로 뻗은 능선을 따라 긴 타원형으로 쌓았어요. 동쪽에는 죽령천, 서쪽에는 단양천, 북쪽에는 남한강이 있어 삼면이 하천으로 둘러싸여 방어에 유리한 곳이지요. 남한강 수로를 따라가면 영월과 충주 방면으로 나아가고, 강을 건너면 제천 방면으로 갈 수 있는

진흥왕이 고구려 땅인 적성 지역을 빼앗고 세운 비석이군.

▲ 충청북도 단양군 단양읍에 있는 단양 신라 적성비(국보 제198호)

교통의 요지에 있어요. 따라서 신라가 죽령을 넘어 한강 상류 지역으로 나아가기 위해서는 반드시 차지해야 할 곳이었지요.

진흥왕은 고구려 땅이었던 이 지역을 점령한 후에 영토 확장을 기념하여 이 비석을 세웠어요.

누구나 볼 수 있도록 산 위에 세웠는데, 비석 첫머리에는 진흥왕이 신라의 높은 관리인 이사부, 거칠부, 무력 등에게 교지를 내리는 내용이 나와요. 즉, 신라가 이 지역을 차지할 때 큰 도움을 준 적성 출신의 야이차와 가족에게 상을 내리고, 새로이 신라의 백성이 된 단양 지역 사람들도 신라에 충성을 하면 똑같이 상을 주라는 내용이지요.

앞에서 나왔던 이사부와 거칠부, 무력이 누구냐고요?

　이사부는 지증왕 때부터 진흥왕 때까지 활약한 신라의 장군이에요. 지증왕 13년(512)에 지금의 울릉도에 있던 작은 나라 우산국을 정벌한 것으로 유명하지요. 그는 우산국 사람들이 거칠고 용맹하여 쉽게 정복하기 힘들자, 나무로 만든 사자들을 배에 싣고 가서 항복하지 않으면 사자를 풀어 놓아 죽이겠다고 위협하여 항복을 받아 냈다고 해요.

　거칠부는 신라의 재상으로, 진흥왕의 명령을 받고 《국사》를 편찬하였고, 551년 백제와 연합하여 고구려를 무찔러서 죽령 이북의 10군을 빼앗는 데 큰 공을 세운 인물이에요.

　무력은 신라가 삼국을 통일할 때 큰 공을 세운 김유신의 할아버지이자, 금관가야의 마지막 왕인 구형왕의 셋째 아들이에요. 그는 532년 금관가야가 신라에 멸망당하자 신라 사람이 되었으며, 관산성 전투에서 백제의 성왕을 전사시킨 용맹한 장군이지요.

세 사람은 신라가 북쪽으로 영토를 넓히는 데 주도적인 역할을 한 군대 사령관이라고 할 수 있어요. 이들의 활약에 힘입어 진흥왕은 한강 유역을 차지하고 북쪽으로 영토를 넓혀 삼국 통일의 토대를 마련한 것이지요.

온달 장군의 숨결이 느껴지는 곳

단양에는 적성뿐만 아니라 온달산성도 있어요. 산성의 이름에서 온달 장군의 향기가 난다고요? 맞아요. 고구려의 장군 온달이 신라의 침입을 막기 위해 쌓은 산성이라고 전해 내려와요.

온달산성은 어디에 있을까요? 적성에서 동북쪽으로 한참을 가면 남한강 상류에 영춘이란 지역이 있어요. 그곳에는 해발 427미터의 성산이 솟아 있는데, 산의 정상부를 에워싸고 쌓은 산성이 온달산성이에요.

온달 장군 하면 평강 공주와의 사랑 이야기를 빼놓을 수 없지요. 두 사람의 이야기 속으로 들어가 볼까요?

고구려 제25대 평원왕에게는 어려서부터 울기 잘하는 평강 공주가 있었어요. 평원왕은 딸이 울 때마다 이렇게 놀렸어요.

"네가 항상 울어서 시끄러우니, 바보 온달에게나 시집보내야겠다."

어느덧 평강 공주가 열여섯 살이 되었어요. 평원왕은 평강 공주를 고구려의 높은 귀족 자제에게 시집보내려고 했어요. 하지만 평강 공주는 당당하게 이렇게 말했어요.

"싫습니다! 대왕께서는 항상 저를 온달에게 시집보낸다고 하셨습니다. 그런데 어찌하여 다른 이에게 시집가라고 하십니까? 저는 온달에게 시집가

▲ **온달산성** 한강이 크게 휘감아 흘러가는 영춘면 하리에 위치한 산성으로, 삼국 시대 때 돌을 쌓아 만들었어요.

온달산성은 성벽 보존 상태가 좋아서 고대 성곽을 연구하는 데 좋은 자료야.

겠습니다."

평원왕은 크게 역정을 냈고, 평강 공주는 궁궐을 나와 온달을 찾아갔어요. 평강 공주는 궁궐에서 가져온 금붙이를 팔아서 집과 농사지을 땅을 샀어요. 그런 다음 온달에게 글공부를 시키고 말타기와 활쏘기도 익히게 하였어요. 평강 공주의 보살핌을 받은 온달은 고구려의 훌륭한 장군이 되었지요.

590년, 온달은 영양왕을 찾아갔어요.

"대왕께서 군사를 내주신다면 신라에게 빼앗긴 한강 유역을 반드시 다시 찾아오겠습니다."

왕의 허락을 받은 온달은 전쟁터에 나가기 전에 평강 공주에게 이렇게 맹세했어요.

"조령과 죽령 이북의 땅을 되찾지 못하면 돌아오지 않을 것이오."

하지만 온달은 아단성 아래에서 신라군과 싸우다가 그만 화살에 맞아 죽고 말았어요. 병사들은 고구려로 돌아가서 장례를 치르기 위해 온달의 시신이 담긴 관을 옮기려고 했어요. 하지만 관이 꿈쩍도 하지 않았어요.

유물 더 알아보기

우연히 발견된 신라 비석들

경상북도 지역에서는 신라 비석이 우연한 기회에 여럿 발견되었어요. 그중 하나가 국보 제242호 울진 봉평리 신라비예요.

1988년 1월 봉평리 주민 주씨는 논둑에 박힌 커다란 바위를 파내어 다리 아래에 버렸어요. 두 달쯤 후, 마을 이장 권씨는 대문 울타리를 손보기 위해 큰 돌을 찾다가 이 돌을 발견하고는 마을 공터에 옮겨다 놓았지요. 그런데 때마침 봄비가 내려 돌에 덮인 흙이 씻기면서 글자가 드러났어요. 권씨는 즉시 이 사실을 신고했어요.

비석은 땅속에 오랫동안 파묻혀 있어서 글자가 비교적 잘 남아 있었어요. 비문에 의하면, 비석은 법흥왕 11년인 524년에 세워졌어요. 울진이 신라 영토로 편입되는 과정에서 주민들이 반항하자, 이를 진압하고 관련자들을 처벌했다는 내용이 담겨 있어요.

이 밖에 포항 냉수리 신라비(국보 제264호), 포항 중성리 신라비(국보 제318호)도 마을 주민이 우연히 발견하여 국보로 지정된 비석들이에요.

▲ 울진 봉평리 신라비

사람들은 온달이 평강 공주와의 약속을 지키지 못해 한이 남아서 그렇다고 생각했어요. 이 소식을 듣고 달려온 평강 공주는 온달의 관을 어루만지면서 이렇게 말했어요.

"장군, 살고 죽는 것이 이미 결정되었는데, 이제는 돌아갑시다."

그러자 관이 움직이기 시작했어요. 온달의 시신은 평양으로 옮겨졌고, 온달을 기리는 성대한 장례가 치러졌다고 해요.

온달산성에는 온달과 관련된 유적이 많아요. 산성의 동북쪽 절벽 아래에는 온달굴이라고 불리는 동굴이 있는데, 온달이 때때로 찾아와 심신을 단련한 곳이라고 해요. 또 산 아래에는 어른이 두 팔을 벌려서 잡아야 할 만큼 큰 돌이 있는데, 온달이 이 돌로 공기놀이를 했다고 하여 '온달의 공깃돌'이란 이름이 붙었어요.

온달의 기운이 살아 숨쉬는 이곳 단양은 고구려와 신라가 꼭 차지해야 할 군사적 요충지였어요. 이곳을 두고 고구려와 신라가 치열한 전투를 벌였고, 결국 싸움은 신라의 승리로 막을 내렸지요.

단양 신라 적성비에 담긴 내용을 통해 우리는 삼국의 관계와 신라의 사회 모습을 생생하게 알 수 있었어요.

게다가 삼국의 역사를 쓴 국내 자료는 《삼국사기》와 《삼국유사》가 대표적인데, 이 책들은 동시대가 아닌 고려 시대에 쓰였어요. 따라서 삼국 시대에 세워진 단양 신라 적성비의 비문은 정말 소중한 자료가 아닐 수 없었지요. 《삼국사기》나 《삼국유사》의 내용과 비교하여 빠진 부분은 보충하고 잘못된 내용은 바로잡아 신라 역사를 바로 세우는 데 큰 도움이 되었답니다.

빨래판으로 사용된
충주 고구려비

국보 제205호

역사의 한 장면

마을 입구에 있던 돌기둥이 보물이라고요?

옛날에는 시골에 가면 마을 어귀에 큰 돌이 세워져 있는 모습을 종종 볼 수 있었어요. 마을 사람들은 그 돌을 신령하게 생각하여 돌 앞에서 아이를 낳게 해 달라거나 농사가 잘되게 해 달라고 빌기도 했어요. 이러한 돌을 입석 또는 선돌이라고 해요.

충청북도 충주시 가금면 용전리에 있는 한 마을 입구에도 아주 오래전부터 돌기둥 하나가 서 있었어요. 그래서 마을 이름도 자연스럽게 입석마을이라고 불렸지요. 마을 사람들은 이 돌을 다양하게 기억하고 있었어요. 어떤 이는 대장간 기둥으로 쓰였던 돌이라고 하고, 어떤 이는 우물가에서 빨래판으로 사용했던 돌이라고 했어요. 하지만 큰비가 내려 돌이 쓰러지기라도 하면 마을 청년들이 힘을 합해서 어김없이 이 돌을 제자리에 세워 놓았지요.

1979년 2월, 답사를 가는 충주 지역 문화재 동호인들을 태운 버스가 입석마을을 지날 때였어요.

"어머, 저 비석이 예사롭지 않아요. 한번 구경하고 가요!"

그 사람의 말에 답사단은 차를 세우고 모두 내려 비석 앞으로 갔어요. 그들은 비석에 있는 이끼를 걷어 내며 이리저리 살펴보았지요. 순간 '아!' 하는 감탄사가 일제히 터져 나왔어요. 손으로 더듬어 보니 비석의 세 면에 글자가 빼곡히 새겨져 있는 거예요!

조사단의 의견은 둘로 나뉘었어요.

"조선의 숙종 임금이 이 마을을 지나가다가 전의 이씨 문중에게 두 개의 돌기둥을 기준으로 그 안쪽의 산과 밭을 하사했다는 이야기가 전해져 내려와요. 그러니 조선 시대 비석일 거예요."

"아니에요. 비석이 꽤 오래되어 보이잖아요. 1년 전에 이 근처 단양에서 신라 적성비가 발견되었대요. 그러니 이것도 진흥왕 순수비처럼 아주 옛날 비석일지도 몰라요."

답사단은 비석의 존재를 학자들에게 알렸어요. 두 달 후, 고고학자 황수영과 단국대 정영호 교수 등이 이곳을 찾아

▼ 충주 고구려비
오늘날 충주시 중앙탑면 용전리에 위치한 충주 고구려비 전시관에 보존되어 있어요.

왔어요. 일행은 돌기둥을 탁본 떠서 찬찬히 살펴보다가 깜짝 놀라 입을 다물지 못했어요.

비석 앞부분 맨 앞줄에 '○○ 大王(대왕)'이라고 쓰여 있었기 때문이지요. 일행은 잘 보이지 않는 앞 두 글자를 진흥으로 해석하여 '진흥 대왕'과 관련된 비석이라고 추측했어요. 학자들의 기대감은 점점 커져만 갔어요.

이틀 뒤, 단국 대학교 박물관 조사단이 와서 이끼를 걷어 내고 본격적인 조사를 시작하였어요. 비문을 읽어 내려가던 연구원들은 고개를 갸우뚱거렸어요. 비문에 '전부대사자', '제위', '하부', '사자' 등 고구려 관직 이름이 보였기 때문이었어요. 그리고 '고모루성'이란 글자도 있었는데, 고모루성은 광개토 대왕릉 비문에도 새겨져 있는 고구려 성의 이름이었거든요.

뒤늦게 도착한 한 학자가 탁본을 찬찬히 읽어 보더니 크게 외쳤어요.

"이건 고려(高麗)잖아!"

비석 맨 앞줄에 있는 '○○ 대왕'은 진흥 대왕이 아닌 고려 대왕이었던 거예요. 신라가 아닌 고구려 비석임이 확인되는 순간이었어요.

충북 지역에서 고구려 비석이 발견되었다는 소식에 학계는 흥분을 감추지 못했어요. 비석 글자가 많이 닳아서 전체 내용을 다 알 수는 없었지만 고구려 비임에 틀림없었어요.

고구려 장수왕이 세운 비석이라고요?

화강암으로 만들어진 충주 고구려비는 높이 203센티미터, 폭 55센티미터, 두께 33센티미터가량 되는 두툼한 돌기둥 모양이에요. 비석의 생김새나 글씨체가 중국 지안에 있는 광개토 대왕릉비와 비슷했지요.

비석은 오랜 세월 비바람을 맞아 닳아서, 뒷면과 오른쪽 면은 글씨를 알아보기 힘들었으며, 앞면과 왼쪽 면 일부만 읽을 수 있었어요.

비석에는 고구려 왕과 신라 왕이 형제처럼 지내기로 맹세했다는 내용이 적혀 있어요. 그리고 형인 고구려 왕이 동생인 신라 왕에게 의복을 내렸다는 내용도 있는데, 이것은 삼국 시대 역사를 쓴 《삼국사기》에도 나오지 않는 이야기예요. 고구려 왕이 신라 왕에게 의복을 내려 주었다는 점에서 고구려가 동북아시아의 주인 입장에서 신라를 대하고 있음을 알 수 있지요. 또 비석에 있는 '신라토내당주'라는 구절에서 고구려군이 신라의 영토에 주둔해서 영향력을 행사했다는 사실도 새로 알게 되었지요.

북으로 영토를 확장한 광개토 대왕의 뒤를 이은 장수왕은 427년에 도읍을 평양으로 옮기고 남진 정책을 폈어요. 이에 신라와 백제가 나제 동맹을 맺고 고구려에 공동으로 대항했어요. 하지만 475년, 장수왕은 백제를 공격하여 수도 한성을 함락시키고 개로왕을 사로잡아 죽였어요. 한강 유역을 차지한 고구려는 481년에 신라를 공격하여 호명성 등 일곱 개 성을 빼앗았어요. 이로써 고구려의 남쪽 국경선은 아산만에서 죽령에 이르게 되었지요.

우리나라에 남아 있는 단 하나의 고구려비

고구려는 왜 충주(중원) 지역에 비석을 세웠을까요?

충주 지역은 삼국 시대부터 교통의 요지로서, 삼국은 모두 이 지역을 중시해 왔어요. 한양(서울)이 도읍지였던 조선 시대에는 경상도에서 한양으로 가려면 반드시 충주를 거쳐야 했어요. 이걸 반대로 생각하면 충주가 남쪽으로 쉽게 진출할 수 있는 전략적 지역이란 뜻이지요.

충주는 또한 중원이라 불리기도 해요. 이름에서도 알 수 있듯이 국토의 가운데라는 뜻이지요. 한강 지역을 차지한 고구려가 중원까지 점령함으로써, 인접한 신라와 백제를 동시에 견제할 수 있게 되었어요. 따라서 장수왕은 고구려 영토가 충주 지역에까지 넓혀졌음을 알리고 기념하기 위해서 이곳에 고구려비를 세운 것이지요.

충주 지역이 지리적 요충지임을 증명하는 탑이 하나 더 있어요. 바로 국보 제6호인 충주 탑평리 칠층 석탑이에요. 충주 고구려비에서 남한강 상류 쪽으로 조금 떨어진 곳에 위치해 있어요. 이 탑은 통일 신라 때 세워진 석탑 중에서 가장 규모가 크고 높아요. 탑이 우리나라의 중앙부에 위치해 있다고 하여 '중앙탑'이라고도 불려요.

▲ **충주 탑평리 칠층 석탑** 충청북도 충주시 중앙탑면에 있는, 통일 신라 시대의 탑이에요.

이 탑과 관련하여 전해 내려오는 설화가 있어요. 신라 제38대 원성왕은 국토의 중앙이 어디인지 궁금했어요. 그래서 국토의 남과 북의 끝 지점에서 같은 보폭을 가진 두 사람을 한날한시에 출발시켰어요. 그랬더니 두 사람이 항상 충주에서 만났대요. 이에 원성왕은 충주에 탑을 세워 중앙임을 표시했다고 해요.

한반도에는 오늘날 남아 있는 고구려 비석이 손에 꼽을 만큼 매우 적어요. 게다가 충주 고구려비는 우리나라에서 발견된 단 하나의 고구려비로, 존재만으로도 역사적 가치가 매우 커요. 따라서 1981년 국보 제205호로 지정되었어요. 이 비는 한반도 북쪽 지역을 지배하던 고구려가 한반도 중부까지 진출하여 영토를 충주 지역까지 넓혔음을 밝히는 징표이자 그 당시 삼국 관계를 밝히는 귀중한 자료이기도 하지요.

나라 잃은 서러움을 겪은 경천사 10층 석탑

국보 제86호

역사의 한 장면

일본에 빼앗겼다 되찾은 석탑

국립 중앙 박물관 1층에 우뚝 세워져 있는 석탑을 본 적이 있나요? 고개를 들고 쳐다봐도 끝이 보이지 않을 정도예요. 이 탑은 높이가 무려 13.5미터나 되는 경천사 10층 석탑이에요.

경천사 10층 석탑은 이름에서 알 수 있듯이 경천사라는 절에 세워졌던 10층짜리 석탑이에요. 경천사는 지금은 북한 땅인 경기도 개풍군 부소산에 있던 절인데, 오늘날 터만 남아 있다고 해요. 고려 초에 세워진 이 절은 고려 왕들이 종종 찾아가서 기도를 드리거나, 돌아가신 국왕이나 왕후의 기일에 제사를 지내던 왕실 사찰이었어요.

그런데 경천사에 있던 석탑이 어떻게 이곳까지 오게 되었냐고요? 1907년 3월 7일 자 〈대한매일신보〉 논설에서 그 사연의 실마리를 찾아보기로 해요.

"지난 3월 초, 나라의 허락도 없이 탑을 헌다는 소식을 들은 동네 사람 수십 명은 산으로 올라가 탑을 지키려고 했다. 그랬더니 일본인 인부 수십 명이 총칼을 휘두르며 협박을 한 뒤, 탑을 마흔 덩이 정도로 분해하여 열 대의 달구지에 실었다. 달구지가 움직이자 마을 주민들이 일제히 달려들어 말리려 하였으나, 총칼을 든 일본인들이 달구지 좌우에서 지키는 바람에 막을 수 없었다. 군수가 곧바로 바퀴 자국을 따라가 보았더니 개성 기차역이었다. 한 켠에 쌓여 있는 덩이들마다 '일본 궁내성에 보내는 물건'이란 표지가 붙어 있었다."

이 기사는 경천사 10층 석탑을 해체하여 일본으로 가져간다는 내용이었어요. 석탑을 해체한 사람은 일본의 궁내부 대신 다나카 미스야키라는 사람이었지요. 그는 1906년 12월, 황태자(뒷날 순종 황제) 결혼식의 경축 대사로 임명되어 조선에 왔어요. 이듬해 3월, 그는 수십 명의 일본인을 데리고 경천사에 가서 10층 석탑을 제멋대로 떼어 내어 일본으로 가져가는 만행을 저질렀어요. 다나카는 마을 주민과 관할 군수의 저항을 막기 위해 고종 황제가 이 탑을 하사했다고 거짓말까지 했어요. 석탑은 결국 바다를 건너 도쿄에 있는 다나카 집의 정원으로 옮겨졌지요.

이 사실은 즉시 〈대한매일신보〉를 통해 세상에 알려졌어요. 〈대한매일신보〉는 10여 차례에 걸쳐 꾸준히 석탑 반환을 요청했어요. 이 신문의 발행인이었던 영국인 베델은 영문판 신문인 〈코리아 데일리 뉴스〉에도 일본이 석탑을 약탈해 간 사실을 폭로하고 반환되어야 한다고 주장했어요.

또한 고종의 외교 자문관이었던 미국인 헐버트도 일본의 한 지역 신문에 '한국에서의 만행'이라는 기사를 실었어요. 그는 직접 현장을 취재하고 증거 사진까지 담아 생생하게 약탈 사건을 보도하였어요. 그러자 〈뉴욕 타임스〉 등 해외 언론도 '야만적인 문화재 약탈'이라는 내용의 비판 기사를 실었지요. 이로써 사건은 널리 알려져 전 세계 사람들의 비난을 샀지요. 당시 일본이 가장 신경 썼던 건 국제 사회의 여론이었어요. 일본 외교관들은 '이러한 일로 일본이 국제적 망신을 당해서는 안 된다'며 일본 정부에다 석탑을 돌려줄 것을 건의했어요. 결국 석탑은 불법 반출된 지 11년 만인 1918년 11월 15일 국내로 되돌아왔답니다.

40여 년 동안 경복궁 뜰에 버려져

하지만 경천사 10층 석탑의 시련은 이것으로 끝이 아니었어요.

우여곡절 끝에 돌아온 탑은 경복궁 뜰에 40년 동안 그대로 방치되었어요. 당시에는 문화재 복원 기술이 뒤떨어졌기 때문에 파손 상태가 심각한 이 탑을 조립할 엄두를 내지 못했거든요.

1959년에 와서야 비로소 석탑은 보수되어 경복궁 야외 뜰에 전시되었어요. 하지만 당시 보수 작업도

시멘트를 발라 탑을 바로 세우는 정도였어요. 또다시 석탑은 비바람에 깎이고 시멘트가 떨어져 나가 언제 무너질지 모르는 위험한 상태가 되었지요.

1995년, 결국 석탑은 다시 해체되어 본격적인 복원 작업에 들어갔어요. 비바람으로 약화된 대리석을 단단하게 만들고, 금이 간 부분은 붙이고, 심하게 부서진 부분은 새 돌로 바꾸었어요. 10년에 걸친 복원 작업 끝에 탑은 원래의 모습을 되찾아 국립 중앙 박물관 실내로 옮겨졌어요.

이처럼 경천사 10층 석탑은 일제하에 있던 우리 문화재의 수난의 역사를 그대로 보여 주고 있어요. 탑 꼭대기의 상륜부는 훼손되어 없어졌으며, 탑 내부에 있던 사리 세트인 사리장엄구도 어디로 사라졌는지 알 수가 없었지요.

그럼에도 불구하고 이제는 박물관 안에서 화려하고 웅장한 자태를 뽐내고 서 있는 경천사 10층 석탑. 석탑은 우리에게 치욕의 역사를 잊어서는 안 된다고, 역사를 잊은 민족은 미래가 없다고 말을 건네는 듯해요.

◀ **경천사 10층 석탑** 1348년 대리석으로 만들어진 고려 시대의 탑으로, 오늘날 국립 중앙 박물관 안에 전시되어 있어요.

유물 속으로

섬세하게 조각된 대리석 탑

경천사 10층 석탑은 고려 충목왕 때인 1348년 3월에 만들어졌어요.

1층 탑신 돌에는 건립 연대뿐만 아니라, 진령 부원군인 강융과 원사 고룡봉 등이 시주하여 만들었으며, 왕실과 나라의 번영을 부처님께 빌고, 모든 중생이 성불하기를 기원하며 이 탑을 세웠다고 쓰여 있어요.

당시 고려는 원의 간섭을 받던 시기로, 원나라에 의해 정치가 좌지우지되었어요. 따라서 원나라와 친한 사람들이 세력을 얻었는데, 강융과 고룡봉도 여기에 속했어요.

강융은 관청의 노비였지만, 딸이 원나라 승상 탈탈의 애첩이 된 덕분에 권세를 거머쥐었지요. 고려 환관이었던 고룡봉은 원나라로 건너가 황제의 신임을 얻었어요. 게다가 고려에서 공녀로 간 기철의 여동생을 순제의 황후로 만드는 데 공을 세워 원나라뿐만 아니라 고려에서도 엄청난 권력을 휘둘렀지요. 공녀가 뭐냐고요? 공녀는 고려가 원나라의 요구에 따라 바치던 여자를 말해요. 고려는 100년간 원나라의 간섭을 받으며 많은 공녀를 바쳐야 했어요.

경천사 10층 석탑은 삼국 시대의 탑과 모양이 다른 것 같지요?

맞아요. 이 탑은 강융이 데려온 원나라 장인이 만들었다고 전해져요. 우리나라 탑과는 어떤 차이가 있을까요? 우리나라의 전통적인 탑은 3, 5, 7, 9층의 홀수로 세워졌는데, 이 탑은 짝수인 10층이에요. 그리고 석가탑을

▲ **경천사 10층 석탑 기단부의 모습** 기단부와 1층에서 3층까지는 亞(아) 자 모양의 형태로 사면이 돌출되어 있어요. 이것은 몽골·티베트계 불교인 라마교의 영향을 받아 만들어졌음을 보여 줘요.

비롯한 우리나라 석탑은 대부분 화강암으로 만들어졌는데, 이 탑은 대리석을 썼어요. 대리석은 화강암보다 색깔이 더 희고 매끈한 데다 조각하기 쉽다는 특징이 있어요.

그럼, 경천사 10층 석탑을 자세히 살펴볼까요?

석탑의 기단부와 1층에서 3층 탑신부는 위에서 보면 '亞(한자의 아)' 자 모양이에요. 정말 특이하지요? 이 '亞' 자 모양은 원나라에서 유행한 라마교 불탑에서도 종종 볼 수 있어요. 반면에 탑신부 4층에서 10층까지는 우리나라 전통 탑의 양식인 사각형 평면 모양이고, 옥개석도 기와 모양을 하고 있지요.

석탑은 기단부에서 탑의 꼭대기에 이르기까지 불교와 관련된 상징물이 빽빽이 조각되어 있어서 웅장하면서도 무척 아름답고 화려해요.

우선 기단부에는 불법을 수호하는 존재들이 새겨져 있는데, 아래에서부터 사자, 용, 연꽃, 《서유기》의 한 장면, 그리고 나한들이 새겨져 있어요. 중국 소설 《서유기》에 등장하는 삼장 법사, 손오공, 사오정, 저팔계가 기단부에 새겨져 있는 까닭은 뭘까요? 아마도 탑 안에 모셔진 사리를 지킨다는 의미를 갖고 있는 듯해요.

그리고 1층부터 4층까지의 탑신부에는 부처님이 설법하는 모습 16장면이 새겨져 있고, 5층부터 10층까지는 부처님의 수행 모습이나 합장 모습이 조각되어 있어요.

　이처럼 경천사 10층 석탑은 우리나라 전통과 외래적인 요소가 조화를 이룬 석탑이라는 점에서 중요한 의미를 가지며, 동시에 많은 수난을 겪었다는 점에서도 우리 문화재의 소중함을 더욱 절실히 느끼게 해 주고 있어요.

 유물 더 알아보기

일본에 빼앗겼다 돌아온 '원주 법천사지 지광 국사 탑'

경천사 10층 석탑처럼 수난을 겪은 문화재가 또 있어요. 바로 국보 제101호인 원주에 있는 법천사지 지광 국사 탑이에요. 탑은 고려 시대 왕의 스승이었던 승려 지광 국사 해린(984-1070)의 사리를 모신 탑이에요. 원래는 지광 국사가 열반한 원주 법천사에 비문과 함께 세워져 있었어요.

하지만 탑은 1911년 와다 스네이치라는 일본인에게 팔렸다가, 이듬해 다시 오사카 후지와라 남작 가문에 팔려 일본으로 옮겨졌어요. 이 사실을 안 데라우치 조선 총독은 당장 탑을 조선으로 반환하라고 명령했어요. 그러고 나서 이 탑을 매매한 사람들을 본격적으로 수사하자, 이에 놀란 와다 스네이치가 탑을 다시 사서 조선 총독부에 기증했어요.

일본에서 돌아온 탑은 1915년 경복궁으로 옮겨졌어요. 하지만 한국 전쟁 때는 포탄을 맞아 옥개석 등 윗부분이 산산조각 났고, 세월이 흐르면서 점차 금이 가고 붕괴 위험에 처했어요. 그래서 2016년에 해체해서 보수 중에 있어요. 작업이 마무리되면 원래 자리인 원주 법천사지에 놓일 예정이에요.

▲ 원주 법천사지 지광 국사 탑

기와집 20채 가격으로 산
청자 상감 운학문 매병

국보 제68호

역사의 한 장면

일제로부터 문화재를 수호하라!

국보 제68호, 청자 상감 운학문 매병. 42개 원의 안팎에 새겨진 학 69마리가 위아래로 날갯짓하며 나는 모습이 장관인 청자이지요. 이 소중한 청자가 우리의 문화재로 남게 된 데에는 간송 전형필이란 사람의 피나는 노력이 숨어 있어요. 사건의 현장으로 가 볼까요?

간송 전형필 선생은 서울 최고의 부잣집에서 태어나 부모로부터 엄청난 재산을 상속받았어요. 하지만 개인적으로 호의호식하지 않았어요. 그는 일제 강점기하에서 우리의 소중한 문화재가 외국으로 빠져나가는 것을 안타깝게 여겼어요. 그래서 스물다섯 살 때부터 문화재를 수집하는 데 전 재산을 쏟아부으며 나라의 문화재를 지키는 데 평생을 바쳤어요.

1935년, 청자 상감 운학문 매병에 대한 소문이 간송의 귀에 들려왔어요.

그즈음 한창 고려청자 수집에 열을 올리던 조선 총독부가 매병을 1만 원에 사려고 했지만 매병 주인인 일본인 마에다 사이이치로가 2만 원을 주지 않으면 안 팔겠다고 거절했다는 소식이었지요. 간송은 즉시 사람을 보내 선뜻 2만 원을 주고 청자를 샀어요. 당시 경성(서울)의 기와집 한 채 가격이 1천 원이었으므로 기와집 20채 가격을 주고 청자를 되찾은 것이었죠.

그렇다면 청자 상감 운학문 매병은 어떻게 해서 일본인의 손에 들어간 걸까요? 뭔가 느낌이 오지요? 맞아요, 이 청자는 고려 시대의 무덤에서 도굴되었어요. 일제 강점기 때 일본인들은 우리나라 무덤을 도굴하여 보물을 찾는 데 혈안이 되어 있었어요. 특히 무덤 안에 시신과 함께 묻혀 있던 고려청자가 큰 인기를 끌면서 온 나라가 일본인 도굴꾼들로 바글거렸지요. 도굴꾼들은 부장품이 묻혀 있는지 알기 위해 쇠꼬챙이로 무덤을 여기저기 찌르며 돌아다녔어요. 얼마나 심했는지 고려의 수도였던 개경에서 100리 안에 있는 무덤들은 모두 벌집처럼 구멍이 숭숭 뚫려 있을 정도였어요.

청자 상감 운학문 매병은 최우의 무덤 속에서 나온 것으로 알려져 있어요. 최우는 고려 무신 정권기의 최고 권력자였어요. 몽골이 처들어오자 1232년 왕을 모시고 강화도로 도읍을 옮겼는데, 그곳에서 죽음을 맞이했지요. 최우는 몽골의 약탈로 힘들어 하는 육지 백성들을 내팽개쳐 둔 채 강화도에서 호화로운 생활을 하여 백성들의 원성을 샀지요.

청자 상감 운학문 매병은 도굴된 후에도 수차례 주인이 바뀌었어요. 도굴꾼은 매병을 그 당시 경성의 기와집 한 채 가격인 1천 원을 받고 일본인 골동품상에게 넘겼어요. 일본인 골동품상은 대구에 살던 조선인 의사에게 4천 원에 팔았지요. 의사는 청자를 사느라 큰돈을 써서 그런지 재정난에 시달리다가 6천 원에 다른 골동품상인 사이이치로에게 팔았고, 그것이 간송에게 넘어온 것이지요. 간송이 청자 상감 운학문 매병을 산 지 며칠이 지난 어느 날, 골동품상이 다시 찾아왔어요.

"그 청자를 다시 파시오. 4만 원에 사겠다는 사람이 나타났습니다."

그 말에 간송은 껄껄 웃으면서 말했어요.

"허허, 앉아서 경성의 기와집 스무 채 가격이나 되는 돈을 벌게 되었구려. 하지만 팔지 않겠소. 만약 이 청자보다 더 뛰어난 청자를 가져오면, 그때는 이 매병을 구입한 가격 그대로 드리리다."

간송은 청자 상감 운학문 매병이 고려청자 가운데 으뜸이며, 이보다 더 뛰어난 작품을 찾기는 힘들다는 사실을 알았던 것 같아요.

유물 속으로

상감 기법으로 만들어진 뛰어난 청자

청자 상감 운학문 매병이 고려청자 중 으뜸인 이유는 무엇일까요?

첫째, 황금 비례로 만들어졌어요. 청자 상감 운학문 매병은 높이가 약 42센티미터, 밑지름이 약 16.5센티미터인데, 폭과 높이, 굽의 비례가 수학적으로 완벽한 황금 비례를 가지고 있어요. 맨 위의 입구는 작고 낮게 밖으로 벌어져 있으며, 어깨는 넓고 당당한 모습인데 몸 아래쪽으로 가면서 미끈하게 좁아들었다가 바닥에 이르면 다시 밖으로 벌어져서 안정감이 있어요.

이러한 도자기의 형태를 매병이라고 불러요. 매병은 일본인 학자들이 매화를 꽂아 놓으면 잘 어울린다 하여 붙인 이름이에요. 하지만 매병은 꽃병

◀ **청자 상감 운학문 매병** 원 안에 있는 학들은 하늘을 향해 날아오르고, 원 밖의 학들은 밑으로 내려오는 모습을 새긴 상감 청자예요.

ⓒ간송미술문화재단

이 아니에요. 원래 술이나 액체를 담는 병으로 쓰였으며, 아마도 뚜껑이 있었을 것으로 추측돼요.

둘째, 고려만의 독보적이고 아름다운 비색을 가진 청자예요. 비색은 유약 속에 들어 있는 철이 화학 작용을 통해 만들어 낸 색이에요. 청자가 중국에서 먼저 만들어 졌다는 사실은 알고 있지요? 하지만 중국은 고려청자처럼 아름다운 비색을 띤 청자를 만들지 못했어요.

셋째, 청자 상감 운학문 매병은 고려청자에서만 볼 수 있는 상감 기법으로 만들어졌어요. 상감 기법이란 도자기를 굽기 전에 무늬를 파낸 부분에 흰색 혹은 검은색 흙을 채워 넣는 방법이에요. 나전 칠기 공예품에서 사용하던 방법을 청자에 적용한 창의적인 제작 기법이지요.

이번에는 청자 상감 운학문 매병에 새겨진 그림을 살펴볼까요?

42개의 2중으로 된 원이 서로 어긋나게 6단으로 배치되어 있어요. 원 안에 있는 학은 하늘을 향해 날아가는 모습이고, 원 바깥의 학은 아래쪽을 향하여 내려오는 모습이에요. 그리고 나머지 부분에는 구름무늬가 장식되어 있어요. 구름과 학 무늬는 장수를 의미해요. 중국에서는 오래전부터 도자기와 금속 공예에 구름과 학을 그려 넣었지만, 우리나라에서는 12세기 초부터 고려청자에 구름과 학 무늬를 그리기 시작했지요. 초기에는 한 도자기에 두세 마리의 암컷과 수컷 학을 그리고 그사이에 같은 크기의 구름을 그려 넣었어요. 그러다가 13세기 이후에는 점차 학과 구름의 크기가 줄어드는 대신에 그 수가 많아졌어요.

청자 상감 운학문 매병처럼 2중 원 안에 학과 구름을 그리는 형태는 13, 14세기경에 나타나기 시작했어요. 따라서 청자 상감 운학문 매병은 13세기 중후반에 만들어진 작품으로 추정돼요. 청자 상감 운학문 매병에는 어깨 부분에 깊은 상처가 하나 있어요. 아마도 발굴 직전에 도굴꾼들이 무덤 안에 유물이 있는지 알기 위해 쇠꼬챙이로 찔렀을 때 생긴 상처 같아요. 아름다운 고려청자에 슬픈 상처가 남아 있다니, 일제 강점기의 치욕을 겪은 우리 역사를 고스란히 간직하고 있는 것 같아 서글픈 느낌이 들어요.

간송 전형필이 우리 문화재를 사 모은 큰 뜻은?

고려청자는 우리나라에 약 2만여 점이 남아 있고, 일본에는 3만여 점이 있을 것으로 추정돼요. 고려청자를 만든 나라보다 일본에 더 많다고 하니, 일제 강점기 때 일본인들이 얼마나 많이 청자를 빼돌렸는지 알 수 있어요. 을사늑약의 원흉 이토 히로부미도 지인들에게 청자 선물하기를 좋아해서 무척 많은 청자를 수집했다는 소문이 있을 정도이니까요.

이런 암울한 시대에 일본인들의 검은 손길로부터 간송이 지켜 낸 청자는 청자 상감 운학문 매병뿐이 아니에요. 그가 사들인 많은 청자 가운데 개스비로부터 사들인 청자도 20점이나 돼요.

고려청자 만드는 방법

1. 반죽을 하여 흙 속의 기포를 없애요.

2. 물레를 돌려서 원하는 도자기의 형태를 만들어요.

3. 바람이 잘 통하는 그늘에서 말려요.

4. 도자기에 밑그림을 그린 후 칼로 홈을 파내요.

5. 파낸 홈에 도자기와 다른 색깔의 흙을 발라 메워요.

7. 가마에서 초벌구이를 해요.

6. 도자기 표면과 높이가 같게 불필요한 부분은 긁어 내요.

8. 유약을 입히고 나서 다시 말려요.

9. 가마에서 재벌구이를 해요.

10. 완성품 중에서 완전한 도자기만 골라내요.

▲ 우리나라 문화재를 되찾기 위해 노력한 간송 전형필   ⓒ간송미술문화재단

　개스비는 영국 귀족으로, 25세에 일본으로 건너가 30년 가까이 국제 변호사로 일했어요. 그는 고려청자의 신비함에 이끌려 수집을 시작했어요. 고려청자를 '이 세상에서 가장 아름다운 고미술품'이라고 말할 정도로 애지중지했지요. 그가 25년간 모은 수십 점의 고려청자는 국보급이었어요.

　1931년, 일본이 만주 사변을 일으키며 군국주의 정책을 펴 나가자 개스비는 불안함을 느꼈어요. 머잖아 전쟁이 일어나면 영국과 일본이 적대 관계가 될 것이라는 최고급 정보를 입수했지요. 그는 그동안 소중히 모아 온 고려청자를 되팔고 영국으로 돌아가기로 결정했어요. 이 소식을 전해 들은 간송은 1937년 2월 개스비를 만나러 도쿄로 건너갔어요.

　개스비는 간송을 반갑게 맞이하며 이렇게 말했어요.

　"그동안 조선의 뛰어난 문화재들이 일본인들의 손에 좌지우지되는 것이 안타까웠는데, 마침 당신처럼 뜻 있는 사람이 이 문화재를 인수하겠다고

◀ **청자 기린형 뚜껑 향로(국보 제65호)** 간송 전형필이 영국인 개스비로부터 구입했어요.

ⓒ간송미술문화재단

하니 반갑고 기쁩니다."

개스비는 또 이렇게 덧붙였어요.

"고려 시대의 정신을 만난 것은 나에게 행운 중의 행운이었어요."

개스비는 기념품으로 간직하기 위해 2점을 빼고, 나머지 20점을 간송에게 넘겨주었어요. 간송은 그 대가로 무려 40만 원을 지불했지요.

간송이 엄청난 금액을 지불하고 되찾아 온 고려청자 중에서 청자 기린형 뚜껑 향로(국보 제65호), 청자 상감 포도 동자문 매병(보물 제286호)을 포함해 고려청자 9점이 국보나 보물로 지정되었지요.

빛나는 보물을 모아둔 집, 보화각

간송은 문화재를 사 모으면서 개인 박물관을 꿈꾸었어요.

1938년, 32세가 되던 해에 성북동에 우리나라 최초의 사립 박물관인 '보화각'을 개원하였어요. 보화각은 '빛나는 보물을 모아 둔 집'이란 뜻이지요. 1962년 간송 전형필 선생이 사망하자 아들들이 부친의 유업을 이어받아 1966년 간송 미술관으로 이름을 바꾸어 오늘에 이르고 있지요.

이곳 간송 미술관에는 간송이 사 모은 소중한 문화재들이 많이 소장되어 있어요. 한국 전쟁 중 피난길에서도 품 안에 넣고 지킨《훈민정음》해례본, 개스비로부터 구입한 국보와 보물급 고려청자, 친일파 송병준의 집에서 불쏘시개로 쓰일 뻔했던 겸재 정선의 〈해악 전신첩〉, 야마나카라는 일본인 수장가와 담판을 지어 어렵게 구입한 신윤복의 풍속화첩인 〈혜원 전신첩〉 등이 모두 이곳에 전시되어 있어요.

조선의 3대 갑부 중 한 사람이었던 전형필 선생이 온 재산을 들여 지킨 우리 문화재 중에는 국보 12점, 보물 24점, 서울시 지정 문화재 4점 외에 5,000여 점의 문화재가 있어요.

유물 더 알아보기

쭈꾸미가 들어 올린 고려청자

2007년 5월 충남 태안군 근흥면 정죽리 대섬 앞바다에서 한 어부가 쭈꾸미를 잡고 있었어요. 어부는 드리워 놓은 그물을 걷어 소라 껍데기 속에 들어 있는 쭈꾸미를 꺼냈지요. 그런데 한 소라 껍데기 입구가 푸른빛 접시로 막혀 있었어요. 쭈꾸미가 빨판으로 접시를 붙잡고 있는 것이었어요. 접시는 어부가 보아도 보통 그릇이 아니었어요. 그래서 태안군청에 이 사실을 알렸지요.

국립 해양 문화재 연구소는 청자가 나온 곳을 조사했어요. 수중 탐사 결과, 1131년 강진에서 만든 청자를 싣고 개경으로 가던 배가 가라앉은 것으로 추정되었어요.

배 안에는 2만 5,000여 점이나 되는 고려청자가 쌓여 있었는데, 거의 원형 그대로 보존되어 있었어요. 참외 모양 청자를 비롯해 그릇도 다양했고, 문양이나 유약 처리법이 우수한 고급 청자였어요. 배에서 발굴된 유물 가운데 '청자 퇴화문 두꺼비 모양 벼루'는 보물 제1782호로 지정되었어요.

▲ 태안 앞바다에서 발굴된 청자 퇴화문 두꺼비 모양 벼루

▲ 간송 전형필의 뜻을 이어받은, 서울시 성북구 성북동에 위치한 간송 미술관 전경

간송은 왜 재산을 아끼지 않고 문화재를 사들였을까요?

3.1 운동을 주도한 독립운동가이자 간송의 스승이었던 오세창 선생의 말에서 그 이유를 찾을 수 있어요.

"동서고금을 막론하고 문화 수준이 높은 나라가 낮은 나라에 영원히 합병된 역사는 없지. 그것이 바로 문화의 힘이라네. 그렇기 때문에 일제가 수단 방법을 가리지 않고 우리 문화 유적을 자기네 나라로 빼앗아 가려고 하는 것이네. 그러니 우리 힘으로 그것들을 지켜야 하네."

간송은 이 말을 늘 가슴에 간직하고 문화의 힘으로 조국을 지켜 내고자 노력했던 것이에요.

추사 김정희가 밝혀낸
북한산 진흥왕 순수비

국보 제3호

역사의 한 장면

북한산 꼭대기에 있는 비석의 비밀

1816년 7월, 금석학의 대가 김정희는 친구 김경연과 함께 북한산에 올랐어요. 비봉 꼭대기에는 오래되어 보이는 비석 하나가 이끼를 뒤집어쓴 채 세월을 보내고 있었어요. 아무도 이 비석의 주인공이 누군지 알지 못했지

요. 어떤 이는 조선 태조 때 승려였던 무학 대사의 비석이라고 했고, 어떤 이는 풍수지리설의 대가로 유명한 신라 말기의 승려 도선 국사의 비석이라고 했어요.

　호기심을 느낀 김정희는 이끼를 걷어 내고 손으로 비석을 문질렀어요. 글자 형태가 나타났으나 오랜 세월 비바람을 맞아 닳아서인지 단번에 알아보기는 어려웠어요.

　김정희는 비석을 깨끗이 닦고 나서 비석에 종이를 대고 먹물을 찍어 탁본을 떴어요.

　'음, 뭔가 황초령비와 비슷한 것 같기도 하고…….'

　김정희는 여러 차례 살펴본 바 있는 황초령비를 떠올렸어요.

　탁본을 한참 동안 살펴보던 김정희는 첫 행의 글자를 판독하고는 깜짝 놀랐어요. 많이 닳아 희미했지만 '진(眞)' 자가 틀림없었어요. 바로 신라 진흥왕이 세운 비석임이 확인되는 순간이었어요.

　집으로 돌아온 김정희는 탁본 글자를 판독하는 데 온 힘을 기울였어요.

'진흥 태왕' 아래 두 글자를 처음에는 구년(九年)이라고 생각했는데, 더 자세히 살펴보니 '순수(巡狩)'라는 글자였어요. 그래서 글자를 모두 합쳐 보니, '진흥 태왕 순수 관경'이었어요. 즉, 진흥왕이 한강 유역을 차지한 뒤, 직접 행차한 것을 기념해서 세운 비석이란 뜻이었지요.

이듬해 6월, 김정희는 조인영과 함께 다시 북한산 비봉에 올라 비석을 판독하였어요.

김정희는 비석의 옆면에 자신이 조사했음을 다음과 같이 기록했어요.

"이것은 신라 진흥왕의 순수비이다. 병자년(1816) 7월에 김정희와 김경연이 와서 읽었다."

그리고 그 옆에다 덧붙였어요.

"정축년(1817) 6월 8일에 김정희와 조인영이 와서 남은 글자 68자를 살펴 정했다."

김정희의 노력으로 북한산에 세워진 비석이 진흥왕 순수비임이 세상에 알려졌어요. 김정희는 조선 시대를 대표하는 금석학자예요. 금석학은 비석이나 청동기, 화폐, 도장 등에 새겨진 글씨를 연구하는 학문으로, 정확한 자료가 많지 않은 고대사를 연구하는 데 아주 중요한 분야예요.

김정희 덕택에 밝혀진 북한산 진흥왕 순수비는 1962년 국보 제3호로 지정되었어요. 그러나 한국 전쟁 때 비석 뒷면이 총탄을 맞아 파이고 말았지요. 게다가 비석 위쪽은 거센 비바람과 세월을 견디지 못해 금이 갔고, 오른쪽 아래 귀퉁이는 많이 떨어져 나갔어요.

　나라에서는 이 비석을 잘 보존하기 위해 경복궁의 근정전 회랑으로 옮겼으나 1986년 8월에 다시 국립 중앙 박물관으로 옮겨 현재 1층 신라관에서 전시하고 있어요.

진흥왕은 한강 유역을 점령하고 직접 순시한 것을 기념하기 위해 이 비를 세웠어.

▲ **북한산 진흥왕 순수비** 현재 국립 중앙 박물관에 보관·전시되고 있어요.

▲ **북한산 진흥왕 순수비의 옆면**
추사 김정희가 새긴 글자가 보여요.

117

유물 속으로

진흥왕, 한강 유역에 순수비를 세우다

진흥왕은 신라 제24대 임금으로, 신라 역사상 가장 영토를 많이 넓힌 왕이에요. 법흥왕이 죽자 일곱 살 어린 나이에 왕위에 올라, 열여덟 살 때부터 직접 나라를 다스렸지요. 진흥왕이 즉위했을 때 신라의 땅은 경상도 지역 정도였어요. 그는 정복 전쟁을 벌여 가야와 한강 유역의 땅을 차지하고, 북쪽으로는 함경도까지 신라 영토를 넓혀 삼국 통일의 기초를 닦았어요.

《삼국사기》에 의하면 진흥왕은 555년 10월, 새로이 차지한 한강 유역을 두루 돌아다니며 그곳 백성들을 위로했어요. 임금이 나라 안을 두루 살피며 돌아다니던 일을 '순수'라고 하는데, 진흥왕은 한강 유역을 순수한 뒤 기념 비석을 세웠어요. 그것이 바로 북한산 진흥왕 순수비예요.

북한산 진흥왕 순수비는 높이가 약 155센티미터, 폭은 약 71센티미터, 두께는 약 16센티미터로 직사각형 모양이에요. 비석의 내용은 크게 세 부분으로 나뉘는데, 비석 제목, 순수를 하게 된 배경, 왕을 수행한 사람들이 기록되어 있어요.

비의 첫머리에는 '진흥 태왕(眞興太王)'이라 쓰여 있어요. '왕'을 '태왕'이라고 일컬은 것이지요. 이는 신라의 국력이 그만큼 강해졌다는 자부심을 보여 주는 것이기도 해요.

다음으로 김유신의 할아버지인 김무력이 비문에 보여요. 한강 유역을 차지하는 데 중요한 역할을 한 김무력의 직책이 신라의 세 번째 관등인 잡간

▲ **북한산 진흥왕 순수비 표지석** 북한산비를 국립 중앙 박물관으로 옮긴 뒤, 북한산비가 있던 자리를 알려 주는 표지석을 세웠어요.

으로 나와 이전보다 높아진 것을 알 수 있어요. 또한 비문에는 석굴에 사는 도인이 등장해요. 도인은 불교에서 도를 닦아 깨달은 승려인데, 새로이 편입된 지역의 백성들을 교화하는 역할을 한 것으로 여겨져요. 따라서 진흥왕은 한강 유역을 차지한 뒤, 그곳 백성들의 마음을 어루만지는 정치도 함께 펼친 것으로 보여요.

진흥왕 순수비는 모두 네 개

북한산 진흥왕 순수비를 보면 알 수 있듯이, 진흥왕은 사방으로 영토를 확장하면서 새롭게 신라 땅이 된 지역을 직접 가서 확인하고, 또 이를 기념하기 위해서 비석을 세웠어요.

현재까지 발견된 진흥왕 순수비는 모두 네 개예요.

북한산 진흥왕 순수비 외에 창녕 진흥왕 척경비, 황초령 진흥왕 순수비, 마운령 진흥왕 순수비가 있어요. 이 비석이 세워진 순서를 따라가면 진흥왕의 영토 정복 과정을 확인할 수 있어요.

진흥왕은 561년에 낙동강 유역에 창녕비를 세웠는데, 창녕의 비사벌 가야를 점령하고 이를 기념한 것이지요. 한강 지역에 북한산 진흥왕 순수비를 세운 때는 한강 유역을 점령한 555년보다 훨씬 뒤인 568년 이후로 여겨져요. 왜냐하면 한강 지역을 두고 고구려와 밀고 밀리는 치열한 싸움이 전개되었기 때문이지요. 북한산비는 앞에서 배운 단양 신라 적성비와 함께 신라가 한강 지역을 차지했다는 사실을 알리기 위해 세운 비석이에요.

진흥왕은 북쪽으로 더욱 세력을 넓혀, 고구려 땅인 함경도 장진군 지역을 정복하고 568년에 황초령비를 세웠어요. 이 비는 북한의 국보 제110호로, 현재 북한 함흥 역사 박물관에 보관되어 있어요. 황초령비는 네 개의 진흥왕 순수비 가운데 가장 먼저 발견되었지요.

황초령비와 김정희는 인연이 깊어요. 김정희는 황초령비가 동강 난 채 버려져 있다는 소문을 듣고는 무척 안타까워했어요. 그래서 1832년 함경 감사로 부임하는 친구 권돈인에게 부탁했어요.

"함흥에 가면 시간을 내어 황초령비를 찾아보시오."

얼마 뒤, 권돈인은 두 동강 난 비석을 발견하고는 탁본을 떠서 김정희에게 보냈어요.

김정희는 다시 권돈인에게 비석을 함경도 감영으로 가져가서 보관해 달라고 부탁했어요.

어렵게 찾아낸 비석을 우거진 잡초 사이에 내버려 두면 또다시 잃어버릴까 봐 걱정되었기 때문이지요. 김정희는 황초령비 탁본을 본격적으로 연구했어요. 그리고 그것을 기초로 해서 훼손이 심했던 북한산비의 글자도 고증했지요. 황초령비는 신라가 함흥평야와 개마고원 일대에까지 진출했음을 알려 주는 소중한 자료예요.

마운령비 역시 고구려 영토였던 함경남도 이원군 지역을 정복한 뒤, 568년 만덕산 봉우리에 세운 비석이에요. 지금까지 발견된 신라 비석 중에서 가장 멀리 동북쪽에 세워진 비석으로, 북한 국보 제111호예요.

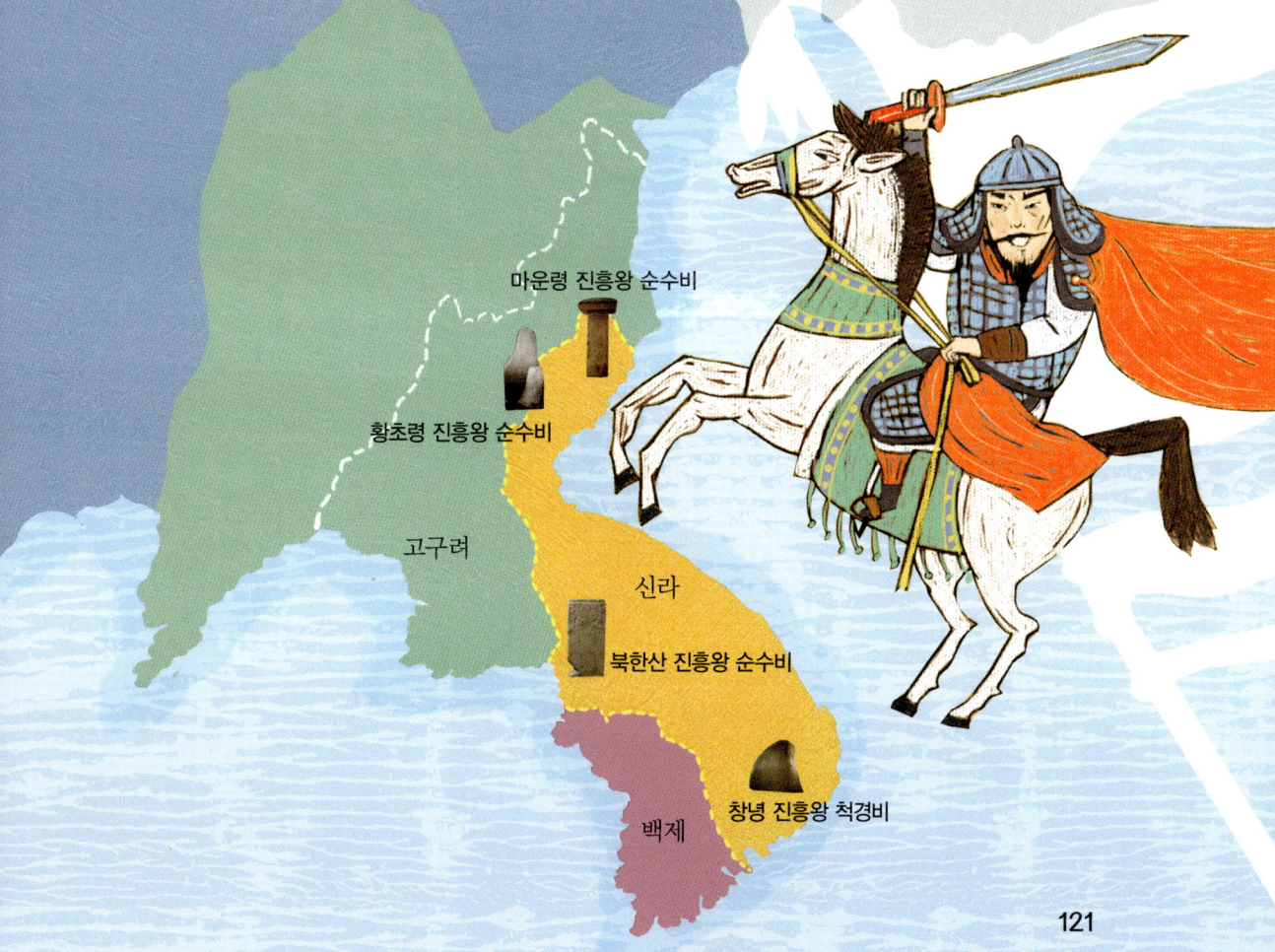

◀ 북한산 진흥왕 순수비 탁본

돌에 새겨진 글씨를 금석문이라고 해. 주로 탁본을 떠서 내용을 살펴보지.

진흥왕 때 신라의 북쪽 경계를 알려 주는 귀중한 사료이지요. 마운령비는 진흥왕 순수비들 중 가장 잘 보존되어 있어 대부분의 글자를 읽을 수 있어요. 비문에는 이렇게 쓰여 있어요.

"진흥왕이 나아가 사방의 영토를 개척하고 백성과 토지를 획득하니 이웃 나라가 신의를 맹세한다."

진흥왕 순수비를 보면 모두 군사적으로 중요한 지역에 세워져 있었다는 공통점이 있어요. 그리고 비석이 세워진 위치와 비석의 내용을 통해 신라의 국경과 신라의 관제, 신분제, 사회 조직 등을 파악하는 데 많은 도움이 되었어요. 또한 그 당시 신라와 삼국의 관계를 연구하는 데에도 매우 귀중한 자료가 되고 있어요.

창녕비는 왜 척경비라 불릴까요?

지금까지 발견된 진흥왕 순수비는 모두 4개예요. 그중 3개의 비석은 순수비라고 불리는데, 창녕비에만 척경비란 이름이 붙었어요. 그 이유는 무엇일까요?

순수비는 임금이 나라 안을 돌며 지방의 정치와 민심을 살피고, 이를 기념해 세우는 비석이에요. 그리고 척경비는 확장된 국경을 표시한다는 의미이지요. 3개의 비석에는 '순수 관경(巡狩管境)'이란 글귀가 있어요. 하지만 창녕비에는 이 글귀가 없어요. 다만 왕이 새 점령지를 다스리는 내용과 이에 관련된 사람이 적혀 있어서 척경비(拓境碑)라 일컫게 되었어요.

창녕비는 1914년 소풍을 갔던 창녕 초등학교 학생이 화왕산 기슭에서 발견했고, 일본인 교장이 학계에 보고했어요. 창녕비는 1924년에 지금의 창녕읍 교상리에 있는 만옥정 공원으로 옮겨져 보존되고 있어요. 이 비석은 1962년 그 가치를 인정받아 국보 제33호로 지정되었어요.

진흥왕은 비사벌 가야를 점령한 기념으로 이 비를 세웠어.

◀ 창녕 진흥왕 척경비

한글의 창제 원리를 밝힌
《훈민정음》 해례본

국보 제70호

역사의 한 장면

나라의 보물, 《훈민정음》

"《훈민정음》 해례본을 구할 수 있을 것 같습니다."

1943년 6월 어느 날, 김태준이 간송을 찾아와서 소곤거리며 말했어요.

김태준은 국문학자로 어문학에 조예가 깊었으며, 경성 제국 대학과 경학원 등에서 국문학을 가르치고 있었어요.

"그게 정말이오?"

《훈민정음》 해례본을 간절히 찾던 간송 전형필은 뛸 듯이 기뻐했어요.

"이용준이란 제자가 자기 집에 가보로 전해 오고 있답니다. 그는 이천의 자손인데, 이천이 평안도 도절제사로 있을 때 여진족을 토벌하는 데 큰 공을 세워 세종 대왕께서 상으로 《훈민정음》 해례본을 하사했다고 합니다."

"책만 분명하다면 얼마를 주어도 좋으니 꼭 구하고 싶소."

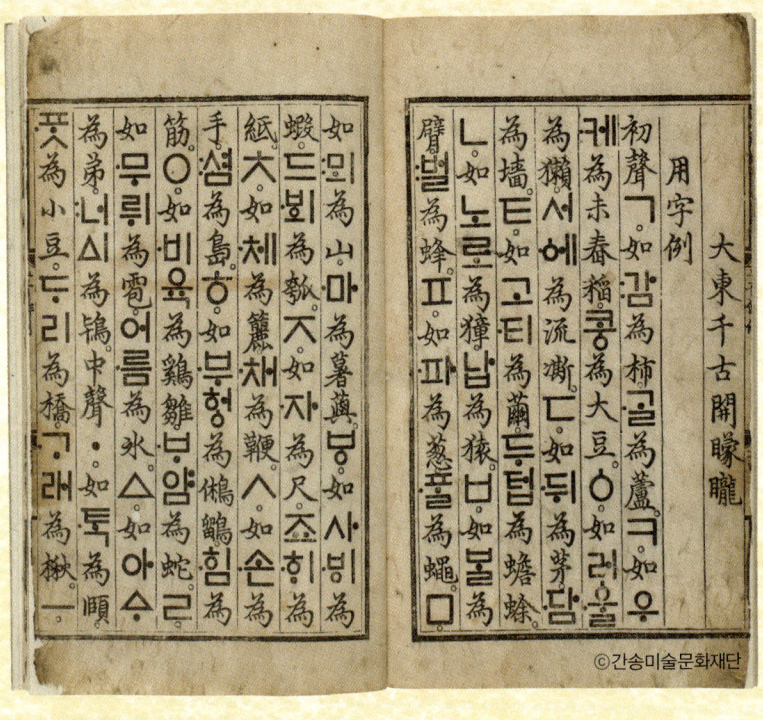

광화문에 있는 세종 대왕 동상의 왼손에 들려 있는 것이 《훈민정음》 해례본이야.

▲ 간송 전형필이 어렵게 구입한 《훈민정음》 해례본
세종 28년(1446)에 만들어졌으며, 간송 미술관에서 소장하고 있어요.

그 당시 김태준과 간송은 일제의 감시를 받고 있었어요. 그래서 직접 가지 못하고, 고서적 중개인을 통해 해례본이 1446년 세종 때 편찬된 진짜임을 확인하였어요. 간송은 중개인에게 1만 1천 원을 건네며 말했어요.

"사례비로 1천 원을 줄 테니, 주인에게 1만 원을 주고 《훈민정음》 해례본을 사 오시오."

그 말에 고서적 중개인이 깜짝 놀라자 간송은 이렇게 말했다고 해요.

"《훈민정음》 같은 보물은 그런 대접을 받을 만하다오."

그 당시 아무리 비싼 책도 1백 원을 넘지 않았고, 기와집 한 채도 1천 원 정도였기 때문에 1만 원은 굉장히 큰돈이었어요. 간송은 이렇게 큰돈을 선뜻 주고 《훈민정음》 해례본을 손에 넣었답니다.

　일제는 우리 민족의 정신을 말살하고자 한글을 사용하지 못하게 했을 뿐만 아니라 《훈민정음》 언해본을 인정하지 않았어요. 심지어 이 책을 18세기에 만든 가짜라고 주장했어요. 그러면서도 혹시 있을지도 모를 해례본을 찾기 위해 이곳저곳을 쑤시고 다녔어요. 해례본이 없다면 세종 대왕의 한글 창제 사실을 왜곡하여 거짓말로 만들 수도 있기 때문이었어요.

　간송은 《훈민정음》 해례본을 손에 넣고도 깊숙이 숨겨 둔 채 세상에 알리지 않았어요. 혹시 조선 총독부에서 눈치라도 챈다면 그대로 빼앗길 게 뻔했으니까요.

　해방 후, 간송은 조선어학회 간부들을 초대해서 책을 공개하였어요. 《훈민정음》 해례본은 일일이 사진 촬영되어 영인본, 즉 복제한 인쇄본으로 만들어졌어요.

하지만 《훈민정음》 해례본은 1950년 한국 전쟁이 일어나면서 또다시 위기에 빠졌어요. 간송은 애써 모아 둔 문화재들을 그대로 두고 피난을 가야 했지요. 서둘러 떠나야 하는 상황에서도 간송은 《훈민정음》 해례본을 오동나무 상자에 고이 넣어 가져갔어요. 혼란스러운 피난길에서도 책을 지키기 위한 노력은 극진했지요. 혹시라도 잃어버릴까 봐 낮에는 품고 다니고, 밤에는 베개 삼아 베고 자며 한순간도 몸에서 떼지 않았어요.

이렇게 간송 전형필이 목숨처럼 《훈민정음》 해례본을 지킨 덕분에 우리는 한글 창제의 원리를 알게 되었으며, 한글의 우수성을 세계에 당당히 알릴 수 있게 되었지요.

유물 속으로

훈민정음 창제 원리가 밝혀져

훈민정음은 '백성을 가르치는 바른 소리'라는 뜻이에요. 세종 대왕은 글자인 훈민정음을 만든 뒤 《훈민정음》 해례본을 펴내게 했어요. 《훈민정음》 해례본은 한글을 만든 목적과 그 원리를 밝힌 책이지요. 이 책이 세상에 공개되면서 세종 대왕이 훈민정음을 어떻게 만들었는지 밝혀지게 되었지요.

그런데 왜 《훈민정음》 해례본이라고 부르냐고요? 원래는 글자 이름과 똑같은 《훈민정음》이라고 쓰기도 하는데, 책 안에 해례본이 들어 있다고 해서 《훈민정음》 해례본 또는 《훈민정음》 원본이라고도 해요.

《훈민정음》 해례본은 예의, 해례, 정인지의 서 이렇게 세 부분으로 구성되어 있어요. 예의는 세종 대왕이 직접 지었는데, 한글을 만든 이유(어제 서문)와 새로 만든 글자 28자를 소개하고 이를 결합하여 표기하는 방법 등을 간략히 적어 놓았어요.

그럼, 서문을 살짝 엿볼까요?

"나라말이 중국과 달라서 한자와 서로 통하지 못한다. 그러므로 어리석은 백성들이 말하고 싶은 바가 있어도 마침내 그 뜻을 펴지 못하는 이가 많다. 내가 이것을 매우 딱하게 여겨 새로 스물여덟 글자를 만들었으니, 사람마다 쉽게 익혀 사용하는 데 편리하도록 함에 있느니라."

이 구절은 여러분도 잘 알고 있지요? 백성들이 한자를 몰라서 불이익을 당하는 일이 많음을 안타깝게 여겨 새로운 글인 훈민정음을 창제했다는 내용인데, 백성을 사랑하는 세종 대왕의 마음이 고스란히 담겨 있지요.

이렇게 한문으로 된《훈민정음》 중 '예의' 부분만을 한글로 풀이하여 쓴 책을《훈민정음》 언해본이라고 해요. '예의' 부분은 무척 간략해서《세종실록》과《월인석보》 첫 권에도 실려 있어서 그 내용이 세상에 널리 알려져 있었지요. '해례'는 성삼문, 박팽년, 신숙주, 강희안 등 여덟 명의 집현전 학사들이 한글의 자음과 모음이 어떻게 만들어졌으며, 발음을 어떻게 해야 하는지 등 한글의 쓰임새를 상세하게 설명해 놓은 글이에요.

마지막에 있는, 정인지가 대표로 쓴 서문에는 1446년 9월 상순이라고 책을 만든 날을 분명히 했는데, 훗날 한글날 제정의 바탕이 되었지요.

《훈민정음》 해례본이 발견되기 전까지는 한글 창제의 원리에 대한 내용이

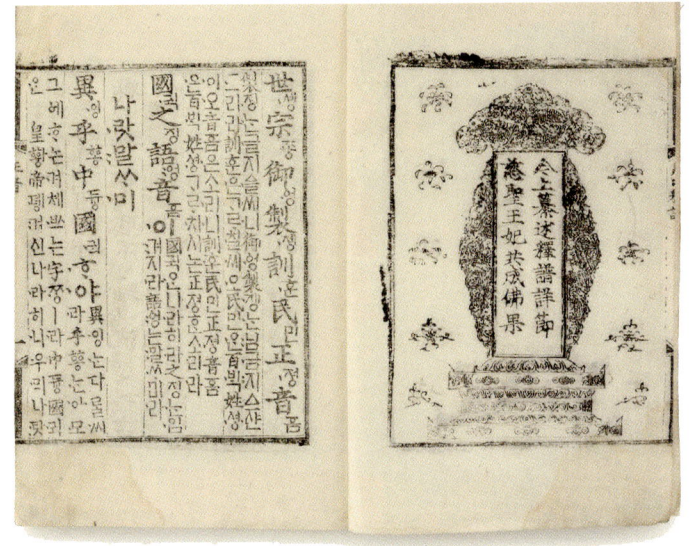

《월인석보》는 석가의 일대기를 담은 책으로, 1459년 세조 때 간행되었어.

▲ 《월인석보》 첫 권 첫 장 《훈민정음》 언해본의 서문이 실려 있어요.

거의 알려져 있지 않았어요. 그러다 보니 세종 대왕이 한글을 만든 방법에 대한 의견이 여러 갈래였어요. 특히 일본 어용학자들은 한글의 가치를 깎아내리기에 바빴어요. 고대 글자를 본떠 만들었다는 둥, 몽골 문자에서 기원했다는 둥, 심지어는 화장실 창살 모양을 본떠 만들었다는 주장까지 했어요. 결국 《훈민정음》 해례본이 발견됨으로써 한글의 창제 목적과 원리가 밝혀진 것이지요. 즉, 한글은 백성을 사랑한 세종 대왕이 사람의 발음 기관을 본떠 만든 과학적인 글자임이 알려졌지요.

한글은 지구상에 존재하는 문자 가운데 만든 목적과 유래, 사용법, 창제 원리를 알 수 있는 유일한 문자예요. 한글이 세계에서 가장 위대한 문자라는 것을 밝혀 준 《훈민정음》 해례본은 1962년 국보 제70호로 지정된 뒤, 1997년 유네스코 세계기록유산으로 지정되어 세계적으로 그 가치를 인정받고 있어요.

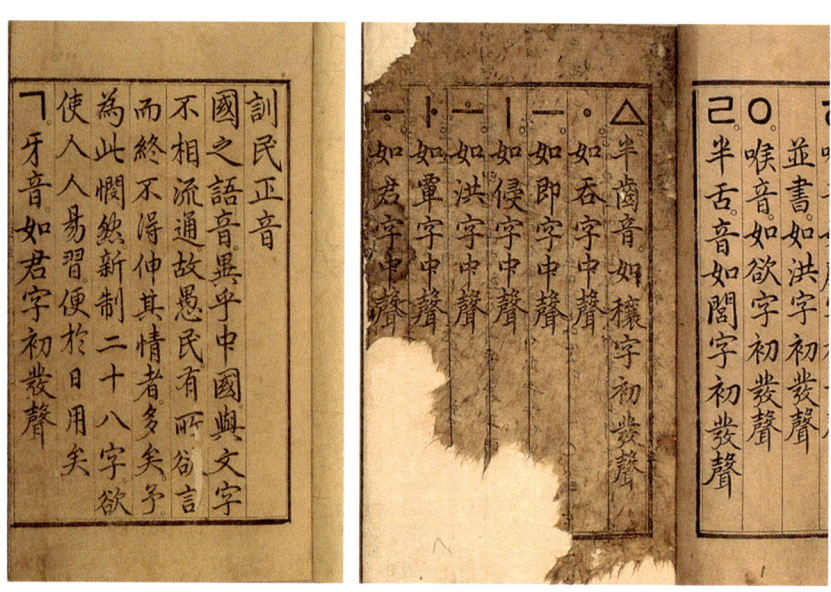

▲ 《훈민정음》 해례본의 서문(왼쪽)과 예의(오른쪽)

이 세상에 《훈민정음》 해례본이 또 있다고요?

《훈민정음》 해례본은 여태까지 이 세상에 한 권만 남아 있다고 알려져 왔어요. 그런데 또 한 권이 발견되었어요.

2008년 상주에 사는 배익기 씨의 제보로 《훈민정음》 해례본이 세상에 또 모습을 드러낸 것이지요. 고서 수집가인 배씨는 집수리를 하려고 짐을 정리하다 이 책을 발견했대요. 그래서 이 책이 발견된 장소의 이름을 따서 '상주본'이라 부르게 되었어요.

간송 전형필이 구한 《훈민정음》 해례본에는 '어제 서문'이 찢어져 없어졌어요. 이 부분은 예전에 가지고 있던 소유자가 실록에 있는 것을 필사해서 다시 넣었다고 해요. 반면에 상주본은 '어제 서문'이 온전한 상태라고 하여 학계에서는 큰 기대를 하였어요.

그런데 어느 날 상주에서 헌책방을 운영하는 조 사장이 배씨를 고소했어요. 자신의 책방에 있던 상주본을 배씨가 훔쳐 갔다는 것이에요. 긴 소송 끝에 대법원에서는 조 사장의 소유로 인정하였어요. 조 사장은 2012년 5월, 《훈민정음》 상주본의 소유권을 문화재청에 기증하였지요. 하지만 배씨는 상주본을 아무도 모르는 곳에 감춘 뒤, 문화재청에 1,000억 원의 보상금을 요구했어요. 소송 당시 검찰이 《훈민정음》 해례본의 가치를 1조 원으로 매겼으니, 1조 원의 10%를 주지 않으면 반환하지 않겠다는 것이지요.

설상가상으로 배씨의 집에 불이 나면서 상주본이 약간 불에 탔다고 해요. 우리의 소중한 문화재인 상주본이 더 이상 훼손되지 않도록 빨리 국가에 환수되어 보존될 수 있으면 좋겠어요.

유물 더 알아보기

한글을 탄압한 연산군

조선의 제10대 임금인 연산군은 많은 신하들을 죽이고 포악한 정치를 일삼아 나라 안이 어수선했어요. 그러자 연산군의 잘못을 지적하는 한글로 쓴 벽서와 투서가 여기저기 나붙었어요.

연산군은 매우 화가 나서 글을 쓴 사람을 고발하면 상금과 벼슬을 주겠다고 약속했어요. 하지만 글을 쓴 사람을 찾을 수 없었지요. 그러자 연산군은 훈민정음을 쓰지도, 가르치지도, 배우지도 말게 하라며 한글 금지령을 내렸어요. 더 나아가 연산군은 한글로 쓴 책들을 불태우라고 명령했어요. 이를 따르지 않으면 곤장 100대부터 참수형까지 무거운 벌을 내린다고 했어요.

정말 무시무시한 명령이지요? 하지만 연산군은 재위 시절 내내 한글을 쓰지 못하게 한 건 아니라고 해요. 어느 정도 기간이 지난 후 연산군은 한글 장려 사업을 벌였다고 해요.

조선의 건국과 천상열차분야지도

국보 제228호

역사의 한 장면

놀이공원에 버려진 돌이 문화재라고요?

여러분은 조선 시대의 궁궐이 한때 놀이공원으로 사용된 것을 알고 있나요?

일제 강점기 때 일본은 조선의 궁궐이 갖는 왕권과 왕실의 상징성을 없애기 위해 창경궁을 놀이공원으로 만들었어요. 그런 다음, 황제 자리에서 물러난 순종을 위로한다는 구실을 붙여 식물원을 만들고 놀이 기구까지 설치했지요. 해방된 이후에도 창경궁은 1984년에 궁궐로 다시 정비되기 전까지 창경원으로 불리며 많은 사람들이 즐기는 놀이공원으로 쓰였어요.

공원 안에는 풀밭에 길게 누운 채 사람들의 발에 차이기도 하고, 놀다가 쉬어 가는 의자 역할도 하는 넓적한 돌이 있었어요.

폭이 1미터에 높이가 2미터가 넘는 검고 납작한 돌의 표면에는 무수히 많은 홈이 파여 있었어요.

1960년대 말, 야유회를 온 한 사람이 이 돌에 관심을 가졌어요. 그는 돌의 아랫부분에 쓰인 글씨를 해독하다가 깜짝 놀라 소리쳤어요.

"세상에! 이건 조선 시대에 만든 천상열차분야지도잖아!"

돌에는 조선 시대의 학자 권근이 쓴 글과 함께 천상열차분야지도가 어떻게 만들어졌는지 쓰여 있었지요.

사람들의 기억에서 잊혀진 천상열차분야지도가 발견된 역사적인 순간이었지요.

▲ 조선을 세운 태조 이성계의 어진

유물 속으로

고구려 천문도를 기초해서 만든 조선의 하늘 지도

옛날에는 천문도가 왕조의 권위를 상징했어요.

1392년 이성계는 고려를 무너뜨리고 새로운 나라 조선을 세웠어요. 그러나 명나라로부터 국왕으로 인정받지 못하고 있었지요. 태조 이성계는 조선 왕조가 오랫동안 유지되려면 백성들에게 왕조의 정통성을 보여 줘야 한다고 생각했어요. 그러려면 천문도를 만들어서, 이성계 자신이 '하늘의 명을 받은 인물임'을 알려야 했어요.

그때 한 사람이 태조를 찾아와서 고구려 천문도를 바쳤어요. 고구려가 멸망할 때 돌로 만든 석각 천문도는 대동강에 빠져 없어졌으나, 다행히 탁본이 남아 있었던 것이지요.

고구려 천문도를 손에 쥔 이성계는 뛸 듯이 기뻤어요. 하루빨리 천문도를 세상에 드러내어 조선을 연 게 하늘의 뜻임을 밝히고 싶었거든요.

그런데 문제가 생겼어요. 그 당시는 고구려 천문도가 만들어지고 나서 600여 년이 흐른 뒤였어요. 당연히 고구려의 하늘과 조선의 하늘은 분명 달라져 있었지요. 서운관 천문학자들은 고구려 천문도를 기초로 해서 오랜 세월 달라진 별들의 위치를 새로 측정하였어요. 그리고 마침내 태조 4년인 1395년 12월에 1,467개의 별을 돌에 새긴 천상열차분야지도를 완성했어요. 이 천문도는 오랫동안 경복궁에 소중하게 보관되었어요.

천상열차분야지도는 하나만 있는 게 아니에요. 300년 후, 숙종 임금 때 똑같이 새긴 천문도 각석이 하나 더 있어요.

조선 태조 때 만든 천상열차분야지도는 임진왜란 때 경복궁이 불타면서 많이 훼손되고, 시간이 흘러 표면이 닳아 별자리가 잘 드러나지 않게 되었어요. 숙종 임금은 천문도가 훼손되는 것은 곧 하늘의 위엄이 사라지는 것이라고 여겼어요. 그래서 1687년에 똑같은 천문도를 다시 돌에 새기게 한 뒤, 창덕궁 밖 관상감에 보관토록 하였어요. 이것이 보물 제837호인 복각 천상열차분야지도 각석이에요. 줄여서 '숙종 복각본'이라고도 해요. 천문도의 내용이 똑같다고 해서 복각이란 말이 붙었지요.

◀ **천상열차분야지도 각석** 직육면체 돌에 천체 형상을 새겨 놓은 것으로, 조선을 건국한 태조 이성계가 왕조의 권위를 드러내고자 만들었어요.

훗날, 영조 임금은 경복궁 터에서 태조 때의 천문도 각석을 발견하고는 관상감 안에 흠경각을 새로 지어 숙종 때 만들어진 복각 천문도와 함께 보관했어요.

천상열차분야지도를 처음 판독하여 세상에 알린 사람은 일제 강점기 때 평양의 합성숭실 대학 교수로 있던 미국인 칼 루퍼스예요. 그는 1913년 왕립 아시아 학회지에 천상열차분야지도에 대한 논문을 발표했어요.

그 후 천상열차분야지도는 한국 전쟁 등을 거치면서 존재가 잊혀지고 말았어요. 그러다가 1960년대에 비로소 발견된 것이지요. 우리의 굴곡진 역사를 온몸으로 체험한 천상열차분야지도는 오늘날 국립 고궁 박물관에 복각 천상열차분야지도와 함께 보관되어 있어요.

별들의 움직임으로 하늘의 뜻을 알다

'천상열차분야지도'란 무슨 뜻일까요? 이름을 하나하나 파헤쳐 보기로 해요. 우선 '천상'이란 하늘에 있는 모든 별과 천문 현상을 말해요. '열차'는 하늘을 12개 구역으로 나누어 차례로 배열해 놓았다는 뜻이에요. '분야'는 하늘의 별자리를 땅의 각 영역과 대응해서 나누어 놓았다는 뜻이고요. '지도'는 평면적으로 그린 그림을 뜻해요. 따라서 '천상열차분야지도'는 하늘의 별자리를 12구역으로 나누어 땅의 구역과 대응되도록 그려 놓은 그림을 말해요.

그림이라고 하니 종이에 그려진 천문도를 상상하나요? 그렇지 않아요. 이 천문도는 돌에 새긴 석각 천문도랍니다.

천상열차분야지도는 권근을 비롯해 천문학자 류방택, 서운관 학자 등 12명이 참여해서 만들었어요. 천상열차분야지도 아랫부분에는 '판서운관사(지금의 기상청장) 류방택이 계산하다'라고 새겨져 있어요. 류방택은 원래 고려의 천문학자였어요. 그는 1년의 절기와 계절의 변화를 적은 달력인 책력을 만들었는데, 기록이 아주 정확해서 유명해졌지요.

류방택은 고려가 멸망하자 벼슬을 내려놓고 시골로 내려갔어요. 조선을 세운 태조가 다시 불렀지만 그는 고려의 충신으로 남고자 거절했어요. 하지만 결국 제의를 받아들여 관리가 되었지요. 그 까닭은 백성들 때문이었어요. 왕조는 바뀌었지만 백성들은 고려일 때나 조선일 때나 다 같은 사람들이었으니까요. 그 당시 백성들은 대부분 농사를 지어 생계를 꾸려 나갔는데, 한 해의 농사는 날씨와

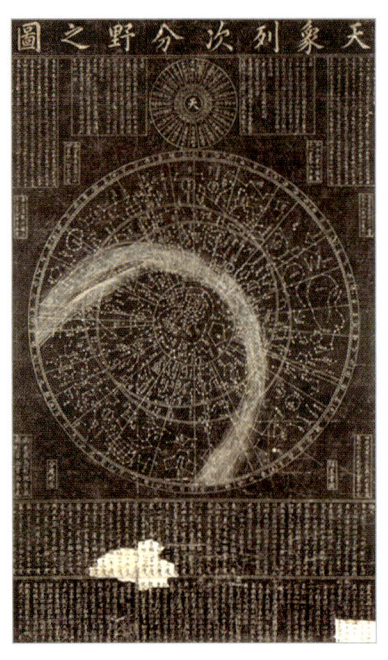

▶ 복각 천상열차분야지도 각석
태조 때 만든 천상열차분야지도를 숙종 때 다시 돌에 새겼어요.

관련이 깊으므로 해와 달, 별을 관찰해서 천체의 현상을 알고, 계절의 흐름을 미리 아는 것이 무척 중요했거든요. 그래서 그는 다시 하늘을 관찰하고 천문도를 완성한 것이지요.

천상열차분야지도에는 한양에서 관측 가능한 1,467개의 크고 작은 별들이 점으로 새겨져 있어요. 별들은 4개의 영역으로 나뉘어 있으며 별자리는 총 295개예요.

4개의 영역 중 북극의 중심에 있는 별들의 영역을 자미원이라 해요. 자미원은 하늘나라 임금이 사는 궁궐로, 170여 개의 별로 이루어져 있어요. 자미원 밖에는 대신들이 모여 나랏일을 하는 태미원, 일반 백성들이 사는 천시원이 있어요. 그리고 그 바깥쪽을 28개의 별자리로 나눴어요.

세종 때 만든 석각 천문도

조선 시대 천문학자 이순지는 천문에 관한 내용을 담아 《제가역상집》을 썼어요. 이 책에 의하면, 세종 15년인 1433년에도 석각 천문도가 만들어졌다고 해요.

세종 대왕 때는 간의와 혼천의, 앙부일구, 규표 등 천문을 관측하는 여러 기구가 만들어졌어요. 세종 대왕은 이들 천문 기구로 조선의 별자리를 다시 측정하게 하여, 새로운 석각 천문도를 만들었어요.

이 천문도는 중성의 위치만 수정된 태조 때의 천상열차분야지도와 달리, 별의 위치가 크게 수정된 천문도였어요. 그래서 신법 천문도라고 불렸어요. 하지만 이 천문도는 지금은 전해지지 않아요. 《증보문헌비고》에 의하면, 석각 천문도는 경복궁 안의 흠경각에 보관되어 있었으나 흠경각에 큰불이 나서 불에 타고 말았지요. 그래서 다시 천문도를 만들었지만, 아쉽게도 1592년 임진왜란 때 파괴되었다고 해요.

◀ 세종 대왕 때 만들어진 혼천의
천문을 관측할 때 천체의 운행과 그 위치를 측정하는 데 사용된 기구예요.

조선 시대 석각 천문도는 태조, 세종, 숙종 때 총 3번 제작되었대. 그런데 세종 때 만든 것은 남아 있지 않아.

조선 시대 천문을 담당하던 서운관 관원들은 별자리를 관측하고 어떤 변화가 일어나는지 보고했어요. 별자리의 변화는 인간 사회에서 일어날 일을 미리 알려 주는 징조라고 여겼어요. 예를 들어 천상이라는 별자리에 객성(유성)이 침입하면 자객이 임금을 해칠 위험이 있다고 해석하였지요.

이는 고려 시대에도 마찬가지였어요. 고려 시대 천문관으로 유명했던 최지몽은 왕건이 꾼 꿈을 풀이하여 후삼국을 통일할 거라고 예언하였어요. 꿈 해몽이 딱 들어맞자, 왕건은 최지몽을 크게 신임했어요. 최지몽의 원래 이름은 최총진인데, 왕건이 꿈 해석을 잘한다고 '지몽'이란 이름을 내려주었다고 해요.

980년 최지몽은 고려 제5대 임금 경종에게 이렇게 말했어요.

"객성이 자미성을 침범했습니다. 숙위군(궁궐을 숙직하며 지키는 군사)을 강화해 만일의 사태에 대비하십시오."

얼마 지나지 않아 왕승 등이 반란을 일으켰고, 최지몽의 말을 듣고 미리 대비한 경종은 반란을 진압할 수 있었다고 해요.

세계에서 두 번째로 오래된 천문도

천상열차분야지도는 세계에서 두 번째로 오래된 천문도예요.

세계에서 가장 오래된 석각 천문도는 중국의 순우천문도(또는 소주천문도)예요. 이 천문도는 13세기 중국 남송에서 만들어진 것으로, 서양과는 전혀 다른 동양 별자리 체계를 갖고 있어요. 천상열차분야지도와 순우천문도는 비슷하지만 몇 가지 다른 점이 있어요.

첫째, 순우천문도는 별의 개수가 1,464개인데, 천상열차분야지도에는

1,467개가 새겨져 있어요. 예를 들어 종대부라는 별자리는 중국의 석각 천문도에는 없고 천상열차분야지도에만 있어요.

둘째, 같은 이름의 별자리라도 위치와 모양이 조금씩 다른데, 그 까닭은 천상열차분야지도는 별과 별 사이의 거리를 실제 하늘에서의 거리와 정비례하도록 표현했기 때문이에요.

셋째, 순우천문도의 별은 크기가 모두 같지만, 천상열차분야지도에는 별의 크기가 다르게 새겨져 있어요. 밝은 별은 크게, 희미한 별은 작게 그렸어요. 이러한 사실은 천상열차분야지도가 중국의 것을 모방하지 않고 독자적인 관측 자료에 근거하여 만들어졌음을 알려 줘요. 따라서 천상열차분야지도는 당시 중국에서 만든 천문도보다 훨씬 더 정확하며, 우리의 독창성과 창의성을 보여 주는 과학 유산으로서 조선 초기의 천문학 수준이

▲ 신라 시대에 별을 관측하기 위해 만든 경주 첨성대

◀ **고구려 덕화리 2호분 천장 벽화**
천장에는 해, 달, 북두칠성, 남두육성 등 10개의 별자리에 속한 72개의 별들이 그려져 있어요.

세계적이었음을 잘 보여 주고 있어요.

　우리나라는 아주 옛날부터 하늘을 관측하여 시간과 계절의 변화를 알아내었어요. 청동기 시대 고인돌에도 별자리가 새겨져 있는데, 북두칠성과 남두육성 같은 별자리를 발견할 수 있어요. 신라 시대에는 첨성대를 만들어서 별을 관찰하여 백성들의 농사에 도움을 주고자 하였어요. 고구려의 고분 벽화에도 해와 달, 북두칠성과 남두육성 등 수많은 별자리가 그려져 있어요. 남두육성은 궁수자리에 있는 국자 모양의 여섯 개의 별을 가리켜요.

　이러한 고대 시대의 천문 관측 기술은 고려와 조선으로 이어지면서 천상열차분야지도로 계승되었다고 할 수 있어요. 천상열차분야지도를 보면 하늘에 관심을 가진 선조들의 과학 수준이 꽤 높고 깊었음을 알 수 있어요.

주머니 속에 숨긴
대한 제국 고종 황제 어새

보물 제1618호

역사의 한 장면

미국의 벼룩시장에서 발견한 보물

2009년 4월, 국립 고궁 박물관은 이제껏 알려져 있지 않던 보물 하나를 공개했어요. 거북 모양의 손잡이가 달린 아담한 크기의 금 도장, 바로 고종 황제 어새였어요.

조선 시대에는 국새를 만들면 자세하게 기록으로 남겼어요. 그런데 이 황제 어새는 어디에도 기록이 남아 있지 않았어요.

이 어새는 어떤 경로로 우리 앞에 나타났을까요?

　국립 고궁 박물관은 잃어버린 유물을 다시 찾기 위해 매년 유물 구입 사업을 벌이고 있었어요. 어느 날, 국립 고궁 박물관이 인터넷에 올린 공지 사항을 보고 한 재미 교포가 연락을 해 왔어요.
　"제가 고종 황제 어새를 가지고 있습니다."
　그 사람은 이것을 미국의 벼룩시장에서 샀다고 했어요.
　박물관은 이 유물이 진짜인지 알기 위해 전각, 금속 공예, 서체 등 그 분야의 권위자 10명에게 감정을 부탁했어요.
　1차 감정 결과를 바탕으로 유물을 구입한 박물관은 다시 3개월에 걸쳐 국새 관련 기록을 검토했어요. 그 결과 국사 편찬 위원회가 소장하고 있던 일제 강점기 유리 원판 사진과도 같았고, 국왕의 친서에 찍힌 도장과도 모양이 같았어요.

◀ 대한 제국 고종 황제 어새

이에 국립 고궁 박물관은 이 유물을 고종 황제의 국새로 결론 내리고 드디어 공개하기에 이르렀던 것이지요.

아쉽게도 어새에는 작은 구멍이 두 개 나 있었어요. 어새가 진짜인지 알기 위해 교포의 아들이 고미술 가게를 다니며 성분 분석을 한 흔적이었어요.

유물 속으로

국새(어새)와 어보는 어떤 차이가 있을까요?

국새는 왕이 명령을 내릴 때나 외교 문서 등 국가의 중요 문서에 찍는 도장으로 국왕의 상징이에요. 국새를 이어받았다는 것은 곧 왕의 정통성을 계승했다는 뜻이지요.

조선이 세워졌을 때부터 대한 제국이 끝났을 때까지 만들어진 국새는 약 40개예요. 1910년 일본의 국권 침탈로 대한 제국이 멸망하자, 일본은 조선을 상징하는 국새를 모두 가져가 버렸어요.

1945년 광복 후, 우리나라는 일본에게서 국새를 되찾았으나 한국 전쟁이

◀ **국새인 황제 지보**
1897년에 고종이 조선의 국호를 대한 제국으로 바꾸고 황제국임을 선포했을 때 제작한 국새예요. 한국 전쟁 때 미군에 의해 외국으로 나갔다가 60여 년 만에 돌아왔어요.

혼란스러운 한국 전쟁 때 미군들이 우리의 국새를 많이 가져간 것 같아.

일어나는 바람에 많은 국새를 잃어버렸지요. 국새들이 종종 미국에서 발견되는 것으로 보아, 아마도 한국 전쟁 당시 미군이 가져간 것으로 추정돼요. 2009년에 되찾은 대한 제국 고종 황제 어새도 네 번째로 되찾은 국새랍니다.

조선 시대에는 나랏일에 쓰는 국새 이외에도 의례용으로 제작하는 도장인 어보가 있었어요.

어보는 옥으로 만들거나 은과 구리를 섞어 만든 다음 금으로 도금하였어요. 왕세자를 책봉할 때나 왕실 혼례 때 궁중 의식의 하나로 어보를 만들었어요. 또 왕과 왕비의 덕을 기리는 존호를 올리거나 돌아가신 후 시호를 올리게 되면 그 공덕을 칭송하는 글을 새긴 어책과 함께 어보를 제작하였어요. 왕과 왕비가 돌아가시면 어보와 어책은 종묘에 보관하였어요.

가지고 다니기 쉬운 작은 비밀 도장

황제 어새는 가로세로가 각각 5.3센티미터, 높이가 4.8센티미터 되는 작은 도장으로, 다른 어새에 비해 4분의 1 크기예요. 손잡이는 거북 모양이고, 정사각형 도장 부분에는 '皇帝御璽(황제 어새)'라는 네 글자가 도드라지게 새겨져 있어요. 그런데 손잡이와 도장 부분은 금은 성분 비율이 달라요. 아마도 두 부분을 비밀리에 따로 만들어 붙인 것으로 보여요. 그리고 손잡이에는 명주로 꼰 끈이 달려 있어요.

황제 지보 등 대한 제국의 국새가 여럿 있는데, 고종 황제는 왜 어새를 또 만든 것일까요?

일본과 러시아가 호시탐탐 조선을 노리며 전쟁을 일으킬 기미가 보이자, 고종 황제는 중립국을 선언하여 두 나라의 전쟁에서 벗어나고자 하였어요. 그러나 열강 중 어느 나라도 대한 제국의 중립국 선언을 인정하지 않았고, 러일 전쟁은 불과 3개월 만에 일본의 승리로 끝났어요.

한반도에 군대를 주둔시킨 일본은 1905년 11월 고종 황제의 승인 없이 다섯 명의 대신만 참석시킨 가운데 조선의 외교권을 빼앗아 갔어요. 이것을 을사늑약이라고 해요. 조약 이름도 없고 고종 황제의 국새 인장도 없이 강제로 맺은 조약이기 때문에 늑약이란 이름이 붙었지요.

고종 황제는 비밀리에 미국, 영국, 러시아, 독일, 네덜란드 등 전 세계 국가 원수들에게 친서를 보내 을사늑약의 불법성을 알리고 대한 제국의 지지를 요청하였어요. 그때 친서에 찍은 도장이 바로 황제 어새예요.

지금까지 대한 제국 고종 황제 어새가 찍혀 있는 편지는 총 17통 발견되었어요. 1993년에 처음 발견된 편지는 1906년 6월에 고종이 러시아에 보낸

◀ 대한 제국 고종 황제 어새의 도장 부분
한자로 '황제 어새'라고 새겨져 있어요.

이 어새의 직인은 러시아 황제에게 보낸 친서에서 처음 발견되었어.

친서였어요. 친서의 내용은 다음과 같았어요.

"을사조약은 일제가 우리의 외교권을 박탈하고 강제로 맺은 불법 조약이다. 내가 국제 재판소에 일본을 고소해 이 조약의 무효를 밝힐 테니 도와 달라."

고종 황제는 일본군이 호시탐탐 감시하는 상황 속에서 몰래 편지나 문서를 보내려고 노력했어요. 그래서 언제 어느 때든 찍을 수 있도록 794그램밖에 되지 않는 작은 어새를 항상 몸에 지니고 다녔지요. 비밀 편지 외교는 고종 황제가 일본의 침략을 물리치기 위해 선택할 수 있는 최후의 수단이었어요. 각국에 보낸 고종 황제의 친서가 발견되면서 을사조약이 고종의 승인 없이 강제로 맺어진 불법 조약임이 더욱 분명해졌지요.

고종 황제는 또한 네덜란드 헤이그에서 열리는 만국 평화 회의에 이준, 이위종, 이상설을 밀사로 파견하여 대한 제국의 억울함을 호소하려고 하였어요.

밀사들은 네덜란드의 헤이그까지 갔지만 일본의 방해로 성공하지 못했어요. 이 일이 빌미가 되어 고종은 강제로 황제 자리에서 물러나게 되었지요.

황제 직속의 비밀 정보 기관

그럼, 비밀 도장인 '황제 어새'를 찍은 친서는 어떻게 여러 나라에 전달되었을까요? 고종에게는 이 일을 담당할 비밀 첩보원들이 있었어요. 바로 제국익문사의 첩보 요원들이에요.

제국익문사는 1902년 6월에 문을 연 신문사예요. 겉으로는 매일 사보를 발간하고 국가의 중요 서적도 인쇄하는 현대판 통신사 기능을 담당하였어요. 하지만, 실제로는 기자로 위장한 첩보 요원들이 국내외 비밀 정보를 수

 유물 더 알아보기

60년 만에 돌아온 문정 왕후 어보

2017년, 문정 왕후 어보가 현종 어보와 함께 대통령 전용기를 타고 국내로 돌아왔어요. 60여 년 만에 고국의 품으로 돌아온 것이지요. 문정 왕후 어보는 문정 왕후가 돌아가신 뒤 종묘에 봉안되어 있었는데, 한국 전쟁 때 잃어버린 것으로 여겨져요.

2007년 국립 문화재 연구소는 미국 LA 카운티 미술관에 이 어보가 있다는 사실을 알고, 많은 노력 끝에 되찾아 오게 되었지요.

문정 왕후 어보는 손잡이 부분이 거북 모양인데, 작고 뾰족한 머리부터 몸의 비늘까지 정교하게 조각되어 있어요. 이 어보는 조선 제13대 임금 명종이 어머니 문정 왕후의 덕을 기리기 위해 1547년에 '성열 대왕대비'라는 존호를 바치고 이를 기념해서 만들었어요.

집하고 일본을 감시하는 역할을 하였지요. 특히 일본의 대한 제국 침략을 저지하는 일이 주된 업무로서 을사 보호 조약을 무효로 만드는 일을 집중적으로 담당하였을 거라고 추측돼요.

제국익문사 요원들은 수집된 정보를 황제에게 직접 보고하였어요. 이들은 일본의 눈을 피하기 위해 비밀 암호를 사용하고 은밀하게 활동하였지요.

보고서도 먹으로 쓰지 않고, 과일즙이나 화학 용액을 이용했어요. 그래서 투명해서 보이지 않는 글씨를 열이나 다른 화학 용액을 발라 보이게 만들었지요. 그리

▲ 고종 황제 어진

고 봉투에는 오얏꽃으로 된 황실 문장과 성총 보좌라는 글씨가 새겨진 제국익문사 고유의 인장을 찍었어요.

고종 황제가 비밀리에 편지를 쓰고 황제 어새를 찍으면 첩보원들이 목숨을 걸고 각 나라의 원수들에게 전달하였던 것이지요. 하지만 당시 국제 상황은 대한 제국에 우호적이지 않아, 고종 황제의 피나는 노력은 꽃을 피우지 못했지요.

대한 제국 황제 어새는 기울어 가는 나라의 운명을 되돌리려고 한 고종 황제의 노력이 담긴 유물이에요. 고종 어새와 어새가 찍힌 편지들이 발견됨으로써 우리는 고종 황제가 끝까지 국권을 지키기 위해 얼마나 노력했는지 잘 알게 되었어요.

1. 〈국립 중앙 박물관 선정 우리 유물 100선〉, 백제 금동 대향로(김정완)·연가 7년명 금동여래 입상(곽동석)·북한산 신라 진흥왕 순수비(김재홍)·경천사 10층 석탑(신소연)·농경문 청동기(이진민), 2011, 국립 중앙 박물관

2. 《발굴이야기-왕의 무덤에서 쓰레기장까지, 한국 고고학 발굴의 여정》, 조유전, 1996, 대원사

3. 《한국생활사박물관1-선사생활관》, 한국생활사박물관 편찬위원회, 2000, 사계절

4. 이기환 기자의 흔적의 역사, 블로그 leekihwan.khan.kr, '크리스마스선물, 7000년 전 고래 사냥의 시원이 된 반구대 암각화', '청동기 노출남, 왜 알몸으로 밭을 갈고 있을까', '고고학자 조유전과 떠나는 한국사 여행-발끝에 걸린 신라 적성비·국보 205호 중원 고구려비 上,下'

5. 《고분미술 1, 2-한국 미의 재발견13, 14》, 〈서봉총 금관과 왕(?)이 된 기생〉, 이영훈·신광섭, 2005, 솔출판사

6. 《탑-한국 미의 재발견5》, 강우방·신용철, 2003, 솔출판사

7. 《완당평전》, 유홍준, 2006, 학고재

8. 《천상의 컬렉션》, KBS 천상의 컬렉션 제작팀, 2018, 인플루엔셜

9. 〈한겨울 한밤중에 맨손으로 건진 백제 금동 대향로〉, 김태식, 《신동아》 2017년 6월호

10. 〈도굴이라는 이름의 전차, 석가탑으로 돌진하다〉, 김태식, 《신동아》 2017년 4월호

11. 《한국민족문화대백과사전》, 한국학중앙연구원

12. 《테마로 보는 미술-간송 전형필》, 이진명, 2014, 네이버캐스트

13. 《서울-답사여행의 길잡이15》, 한국문화유산답사회, 2004, 돌베개

사진 제공과 출처

국립 중앙 박물관
- 24쪽 　농경문 청동기 앞면
- 25, 27쪽 　농경문 청동기 뒷면
- 35쪽 　금동 연가 7년명 여래 입상 앞면
- 39쪽 　금동 연가 7년명 여래 입상 뒷면
- 44쪽 　서봉총 금관 발굴 당시 장면
- 50쪽 　서봉총 금관
- 117쪽(좌) 　북한산 진흥왕 순수비
- 122쪽 　북한산 진흥왕 순수비 탁본
- 138쪽 　혼천의

국립 경주 박물관
- 37쪽 　금동 아미타 삼존 판불 좌상

국립 고궁 박물관
- 144쪽 　대한 제국 황제 어새
- 145쪽 　황제 지보

국립 공주 박물관
- 66쪽 　무령왕릉 지석
- 67쪽 　무령왕릉 진묘수
- 68쪽 　관 꾸미개
- 69쪽 　금제 뒤꽂이

국립 부여 박물관
- 76쪽 　백제 금동 대향로
- 77쪽(좌) 　백제 금동 대향로 봉황 부분
- 78쪽(좌) 　백제 금동 대향로 몸체 부분

문화재청
- 10쪽 　천전리 각석
- 11쪽 　천전리 각석 무늬
- 20쪽 　고령 장기리 암각화
- 31쪽 　화순 대곡리 팔주령
- 48쪽 　금관총 금관
- 49쪽 　서봉총 금관
- 77쪽(우) 　백제 금동 대향로 뚜껑 부분
- 78쪽(우) 　백제 금동 대향로 받침대
- 79쪽 　백제 금동 대향로 확대 부분
- 88쪽 　울진 봉평리 신라비
- 103쪽 　원주 법천사지 지광 국사 탑
- 112쪽 　청자 퇴화문 두꺼비 모양 벼루
- 117쪽(우) 　북한산 진흥왕 순수비 옆면
- 130쪽 　《훈민정음》
- 133쪽 　조선 태조 이성계 어진
- 135쪽 　천상열차분야지도 각석
- 136쪽 　복각 천상열차분야지도 각석
- 147쪽 　황제 어새

한국 민족 문화 대백과 사전
- 61쪽 　무령왕릉 입구
- 64쪽 　무령왕릉 내부
- 73쪽 　백제 창왕명 석조 사리감
- 81쪽 　적성
- 83쪽 　단양 신라 적성비
- 87쪽 　온달산성
- 113쪽 　간송 미술관 전경
- 119쪽 　북한산 진흥왕 순수비 표지석
- 123쪽 　창녕 진흥왕 척경비

헬로 포토(연합 뉴스)
- 14쪽 　울주 반구대 암각화 모형
- 55쪽 　석가탑 사리장엄구
- 59쪽 　《무구 정광 대다라니경》
- 71쪽 　백제 문화 단지
- 91쪽 　충주 고구려비
- 95쪽 　충주 탑평리 칠층 석탑
- 100쪽 　경천사 10층 석탑
- 102쪽 　경천사 10층 석탑 부분
- 141쪽 　고구려 덕화리 2호분 천장 벽화

간송 미술관
- 107쪽 　청자 상감 운학문 매병
- 110쪽 　전형필
- 111쪽 　청자 기린형 뚜껑 향로
- 125쪽 　《훈민정음》 해례본

여주 박물관
- 129쪽 　《월인석보》

셔터스톡
- 53쪽 　석가탑
- 140쪽 　첨성대

위키피디아
- 29쪽 　솟대
- 149쪽 　고종 황제 어진

초판 1쇄 발행 2020년 12월 10일

지은이 김경복
그린이 김숙경
펴낸이 이혜경
편 집 케이엔북스
디자인 케이엔북스

펴낸곳 니케북스
출판등록 2014년 4월 7일 제300-2014-102호
주소 서울시 종로구 새문안로 92 광화문 오피시아 1717호
전화 (02)735-9515
팩스 (02)735-9518
전자우편 nikebooks@naver.com
블로그 nikebooks.co.kr
페이스북 www.facebook.com/nikebooks
인스타그램 www.instagram.com/nike_books

ISBN 978-89-98062-19-4 (74300)
ISBN 978-89-98062-08-8 (세트)

• 니케주니어는 니케북스의 아동·청소년 브랜드입니다.

• 책값은 뒤표지에 있습니다.
• 잘못된 책은 구입한 서점에서 바꿔드립니다.

• 이 도서의 국립중앙도서관 출판예정도서목록(CIP)은 서지정보유통지원시스템 홈페이지(http://seoji.nl.go.kr)와 국가자료종합목록 구축시스템(http://kolis-net.nl.go.kr)에서 이용하실 수 있습니다. (CIP제어번호 : CIP2020049027)

• 이 도서는 한국출판문화산업진흥원의 '2020년 출판콘텐츠 창작 지원 사업'의 일환으로 국민체육진흥기금을 지원받아 제작되었습니다.